ACCESO GRATIS ***a la Lectura en la Nube***

Para visualizar el libro electrónico en la nube de lectura envíe junto a su nombre y apellidos una fotografía del código de barras situado en la contraportada del libro y otra del ticket de compra a la dirección:

ebooktirant@tirant.com

En un máximo de 72 horas laborales le enviaremos el código de acceso con sus instrucciones.

LA SENTENCIA COMO ESENCIA DEL DERECHO

LA SENTENCIA COMO ESENCIA DEL DERECHO

Juan Francisco Arroyo Herrera
Edgar Alán Arroyo Cisneros

tirant lo blanch
Ciudad de México, 2024

En caso de erratas y actualizaciones, la Editorial Tirant lo Blanch México publicará la pertinente corrección en la página web www.tirant.com/mex/

Este libro será publicado y distribuido internacionalmente en todos los países donde la Editorial Tirant lo Blanch esté presente.

DIRECTOR DE COLECCIÓN:

Edgar Alán Arroyo Cisneros

© EDITA: TIRANT LO BLANCH
DISTRIBUYE: TIRANT LO BLANCH MÉXICO
Av. Tamaulipas 150, Oficina 502
Hipódromo, Cuauhtémoc
CP 06100, Ciudad de México
Telf: +52 1 55 65502317
infomex@tirant.com
www.tirant.com/mex/
www.tirant.es
ISBN: 978-84-1197-850-7
MAQUETA: Disset Ediciones

Índice

CUARTA PARTE
LA CONSTRUCCIÓN DE LAS SENTENCIAS SEGÚN LA LÓGICA JURÍDICA.

Capítulo XXIII

Presentación

La Colección "Entre derechos" de la prestigiosa Editorial Tirant Lo Blanch y la Universidad Juárez del Estado de Durango pretende generar espacios de diálogo sobre algunos de los desafíos más acuciantes que se le presentan al Derecho Constitucional, a los derechos humanos, a la teoría jurídica y a la Filosofía del Derecho hoy en día.

En este primer libro de la Colección, Juan Francisco Arroyo Herrera y Edgar Alán Arroyo Cisneros le ofrecen a las y los juristas, y desde luego al público en general, un análisis pormenorizado de la sentencia como esencia del Derecho, en el cual indagan sobre algunas de las problemáticas más puntuales sobre el ethos, la génesis, la construcción, el diseño y la filosofía de las sentencias.

Las sentencias, en efecto, comunican la forma en la que decide una juzgadora o un juzgador, por lo que son una forma de representación argumentativa a partir de las cuales se legitima la función jurisdiccional. Entenderlas, conocerlas, razonarlas y criticarlas con fundamento es una labor elemental de cualquier jurista en el siglo XXI, como se pretende razonar en el libro que las y los amables lectores tienen en sus manos.

EDGAR ALÁN ARROYO CISNEROS

Director de la Colección "Entre derechos"

2023

PRIMERA PARTE
ENFOQUE TEÓRICO DE LA SENTENCIA.

Capítulo I
Filosofia y ontología del derecho

1.- ¿QUÉ ES FILOSOFÍA DEL DERECHO?

Michel Troper (*La Filosofía del Derecho,* Madrid, Tecnos, 2004) escribe que el uso de la expresión "filosofía del derecho", se difundió a comienzos del siglo XIX, concretamente a raíz de la aparición de los "Principios de filosofía del derecho" de Hegel (1821); sin embargo, la reflexión sobre el derecho es tan antigua como el propio derecho. En la actualidad, los libros que llevan ese título son de una extrema diversidad, no sólo en cuanto a los puntos de vista doctrinales, sino también en cuanto a sus contenidos.

No existe acuerdo alguno ni sobre una definición del derecho, ni sobre una definición de la filosofía del derecho, ni sobre el punto concreto de saber si ésta es una rama de la filosofía o una parte de la ciencia jurídica, ni sobre una lista de cuestiones de las que se debería ocupar, ni sobre sus funciones, ni sobre la propia expresión "filosofía del derecho" frente a la que algunos prefieren la de "Teoría General del Derecho" o, en inglés, General Jurisprudence. Estas diferencias terminológicas reflejan en parte otras oposiciones de orden teórico o epistemológico, entre la filosofía del derecho de los juristas y la filosofía del derecho de los filósofos, o entre, iusnaturalismo y positivismo jurídico.

2.- TEORÍA GENERAL DEL DERECHO.

El autor francés analiza la filosofía del derecho y la teoría general del derecho y expone que la expresión "teoría general del derecho" apareció a finales del siglo XIX bajo la influencia del positivismo y del empirismo, y en reacción a la filosofía del derecho que se practicaba hasta ése momento.

Los defensores de la teoría general del derecho criticaban la filosofía del derecho clásica por su carácter puramente especulativo; las cuestiones clásicas de las que trataba, "¿Qué es el derecho?" o "¿Existen criterios de lo justo?", les parecía que daba lugar a consideraciones puramente metafísicas, cuando lo que pretendían fundar era en realidad una ciencia. Mientras que la filosofía del derecho se refería a un derecho ideal, la teoría general del derecho tan solo pretendía tratar el derecho como tal y como es, el derecho positivo. Existe pues vínculo entre las doctrinas iusnaturalistas, por su parte; y entre la teoría general del derecho del positivismo jurídico.

La teoría general del derecho –añade Troper- ha conocido una expansión considerable en la primera mitad del siglo XX, concretamente bajo la influencia del jurista austriaco Hans Kelsen (1881-1973), quien representaba una versión renovada del positivismo jurídico bajo el nombre de "Teoría Pura del Derecho", llamada igualmente "Normativismo". Kelsen fundó en 1926, junto con Duguit y Weyr, una revista con un título muy característico, la "Revista Internacional de Teoría del Derecho".

No obstante, inmediatamente después de la segunda guerra mundial, las doctrinas iusnaturalistas –de las que se espera que establezcan los fundamentos de un derecho justo y que fijen los límites del poder del estado sobre los individuos-, conocen, particularmente en Alemania, un nuevo periodo de interés, y la expresión "Filosofía del Derecho" que no había sufrido más que un declive relativo, se utilizó de nuevo para titular obras o enseñanzas universitarias.

3.- POSITIVISMO JURÍDICO.

Puntualiza nuestro autor que en los años cincuenta, con el desarrollo de la filosofía analítica en Inglaterra y Estados Unidos, la audiencia de seguidores del positivismo jurídico crece de nuevo, así como también el empleo de la expresión "Teoría General del Derecho".

Hoy en día, algunos continúan presentando la filosofía del derecho y la teoría general del derecho como dos disciplinas diferentes (Van Hoecke).

Para Troper, la filosofía del derecho es una disciplina especulativa y normativa, que comprende:

- Una ontología jurídica, que busca la esencia del derecho y de ciertos conceptos, como la democracia, el estado o la persona;
- Una epistemología jurídica, concebida como un examen de las posibilidades para poder alcanzar el conocimiento de estas esencias;
- Una teleología jurídica, que trata de determinar los fines del derecho;
- Una lógica jurídica, que intenta analizar la argumentación jurídica

Capítulo II

Filosofia y teoria del derecho

1.- DIFERENCIAS

El gran Iusfilósofo mexicano, Eduardo García Máynez (*Filosofía del Derecho*, México, Porrúa, 1974) nos enseña que la Teoría General del Derecho y en cierto sentido también, las disciplinas especiales –dice Pietro Piovans- tratan, desde el interior del derecho, definir éste, colocándose en el punto de vista de "una experiencia completa de la vida jurídica". En la medida en que aquella es "más espontánea", resulta "más vecina" a dicha experiencia y sabe reflexionar unitariamente "sobre su trabajo", en esa medida se encuentra capacitada para responder a la pregunta Quid jus. Pero lo hace a su modo que no es el de la filosofía del derecho, pues aun cuando ambas discuten los mismos problemas, o cuestiones parecidas, los fines que persiguen son diferentes. Esta diversidad de propósitos impide, prosigue Piovans- que la allgemeine Rechtslehre se convierta en rival peligrosa de toda disciplina jurídica fundamental, o pueda sustituirla. El hecho de que la primera ayude a resolver el problema de la definición universal del derecho no significa que, al hacerlo, prive a la segunda del más importante de sus temas de estudio. "La ciencia del derecho, en el nivel de la teoría general, quiere saber qué cosa es el derecho respecto de la totalidad de la idea jurídica, a fin de conocerse mejor en esta integral experiencia suya", la filosofía del derecho, en cambio, "quiere saber qué es el derecho, más no respecto de la vida jurídica, sino respecto de toda la vida, porque aquél existe en ésta".

Precisamente por ello, enfatiza el maestro mexicano, la filosofía del derecho es filosofía: "No quiere saber que sea el derecho respecto del derecho, sino respecto de la vida". En otras palabras: Le interesa, fundamentalmente, descubrir qué sentido tiene aquel dentro de la totalidad de la existencia. Por ello, también no lo estudia desde adentro, como la teoría general, sino desde afuera, y lo considera, no solo en sí mismo, sino en sus relaciones reguladoras del comportamiento humano: la moral, los convencionalismos sociales y la religión.

2.- DEFINICIÓN

Después de definirlo, dentro de esta perspectiva total, se plantea, el problema de los conceptos jurídicos básicos, y, en vez de buscarlos por la vía inductiva, hace ver como esos conceptos, precisamente en cuanto condiciones de posibilidad del conocimiento de los contenidos jurídicos, se hallan implícitos en la noción universal del derecho y deben ser derivados del análisis de ésta.

La definición del derecho y el estudio de los conceptos jurídicos básicos son los grandes temas de la primera parte de la filosofía del derecho del gran jurista mexicano y divide así su obra:

A).- Primera parte.

Teoría fundamental del derecho:

Estudia:

- La definición del derecho,
- Los conceptos jurídicos básicos.

Se trata, comenta, de una doctrina sobre el ser del derecho y responde a dos preguntas:

¿Qué es el derecho?

¿Qué son (y cuáles son) los conceptos jurídicos básicos.

Ontología formal del derecho o “estudio sistemático de las conexiones esenciales de carácter formal entre las diversas manifestaciones de la conducta jurídicamente regulada: lo prohibido, lo permitido, lo obligatorio y lo potestativo”.

- Lógica jurídica o "estudio sistemático, de la forma de los juicios, los conceptos, y los raciocinios jurídicos".

B).- Segunda parte.

- Axiología jurídica: estudia los valores a cuya realización debe tender el derecho. Es una doctrina del deber ser, estudia también el problema de la validez, eje de la polémica entre el positivismo y el iusnaturalismo jurídico.

C).- Tercera parte.

Técnica jurídica: estudia los problemas de los procedimientos de interpretación, observancia y aplicación de las normas del derecho; problemas como el hermenéutico, integración de lagunas y solución de antinomias.

Capítulo III
Ontología del derecho

1.- ¿QUÉ ES LA ONTOLOGÍA DEL DERECHO?

En las anteriores citas de Troper y García Máynez, respecto a la filosofía del derecho, se adelantó algo de la ontología del derecho.

Dado que en este concepto está centrado el presente trabajo, veamos lo que sobre esta materia nos dice la *Enciclopedia Jurídica Omeba* así como las posturas que sobre el particular sostienen Hans Kelsen y el maestro García Máynez.

Enseguida referiremos nuestro punto de vista respecto en qué entidad debe concentrarse esta disciplina.

La define el doctor Juan Carlos Smith, en la enciclopedia, como "La disciplina filosófica que estudia el ser y los modos de ser del fenómeno jurídico en tanto objeto del conocimiento científico.

Muchos jusfilósofos, contemporáneos, añade, sin proponérselo expresamente, han orientado sus investigaciones en torno a la delimitación del ámbito objetivo del conocimiento jurídico desembocado indirectamente en una indagación ontológica del derecho. Tal es, en cierta medida el caso de Hans Kelsen quien en su intento de precisar y demostrar la función lógico-trascendental adecuada para el conocimiento jurídico y destacar el aspecto formal del derecho, ha teorizado también sobre el ser del objeto de la ciencia jurídica constituido, según su concepción, por las normas jurídicas.

2.- LA ONTOLOGÍA JURÍDICA DE HANS KELSEN.

La teoría pura del derecho, acota Juan Carlos Smith, concibe el objeto de la ciencia jurídica como norma creada y aplicada dentro del marco de un orden jurídico.

Más la norma es una categoría ontológica que no encuentra aplicación alguna en el dominio de la naturaleza. La existencia específica de lo norma, en tanto objeto del conocimiento jurídico, es cosa totalmente diversa del acto humano que la produce o aplica. Producción y aplicación normativas son, por lo tanto, acontecimientos del ser que sólo se relacionan con la norma como sustrato de un sentido.

Afirma Kelsen que cuando se caracterizan como sucesos jurídicos a los actos del hombre o a los hechos naturales, ello no significa otra cosa que afirmar la validez de normas cuyo contenido lógico está en determinada correspondencia con el acontecer efectivo. Así, pues, cuando un juez comprueba que se ha dado una situación de hecho concreta –un delito, por ejemplo- su conocimiento se dirige, en primer término, a un ser natural que, como tal, se da en el tiempo y en el espacio, pero su conocimiento es en propiedad un "conocimiento jurídico" solo después de poner en relación la situación de hecho verificada con la ley que ha de aplicar, tan pronto la interprete como un hecho antijurídico. Y puede interpretarla así solo en caso de reconocer, en forma bien específica, que el contenido de esa situación de hecho es contenido de una norma.

Al determinar el objeto jurídico como norma –continua Smith- y limitar la (ciencia del derecho) al conocimiento de normas, la teoría pura del derecho interpreta haber deslindado metodológicamente el ámbito ontológico del derecho respecto de la naturaleza, y haber circunscripto la esfera de la ciencia jurídica como ciencia de normas, respecto de toda disciplina que tiene por objeto la explicación causal de sucesos naturales.

3.- LA ONTOLOGÍA DEL DERECHO DE EDUARDO GARCÍA MÁYNEZ.

Contenida en su *Introducción a la Lógica Jurídica*, señala Smith por lo que se refiere a las reflexiones del maestro universitario, puede ser concebida como un sistema de principios apriorísticos acerca de las distintas formas de la conducta regulada por el derecho. Esta tesis se basa en dos acciones fundamentales:

El primero –denominado axioma ontológico de contradicción- establece que si una conducta se encuentra jurídicamente regulada, no puede hallarse a la vez permitida o prohibida.

El segundo -axioma ontológico jurídico de exclusión del medio o tercero- expresa: Si una conducta esta jurídicamente regulada, solo puede hallarse prohibida o permitida.

Ambos axiomas pueden expresarse, según García Máynez, en el siguiente enunciado general: “La conducta jurídicamente regulada no puede hallarse, a la vez, prohibida y permitida, sino que necesariamente está prohibida o permitida”.

Aclara Smith que esa concepción del filósofo mexicano es un desarrollo ontológico de la libertad enunciado por Cossio como una consecuencia de las investigaciones de Hans Kelsen; “Todo lo que no está jurídicamente prohibido, está permitido”.

Capítulo IV

La dialéctica aplicada al derecho

1.- MÉTODO DIALÉCTICO.

Alberto F. Sénior en su *Tratado de sociología* (México, Librería de Medicina, 1978), en el Capítulo Sexto de su ya clásica obra en las escuelas de México, en el apartado tres se refiere al idealismo alemán de Jorge Guillermo Federico Hegel, de quien dice encabeza la tetralogía de la cúspide del pensamiento; idealista Alemán, seguido de Kant, Fitche y Schelling.

Toca la Ley de la Dialéctica Hegeliana. Dice el filósofo germánico que las ideas, por su propia esencia, no son estáticas, fijas, rígidas, o sea que nunca permanecen iguales a sí mismas, sino que por el contrario, son cambiantes, móviles, dinámicas, tienden siempre a transformarse.

Este cambio o evolución de las ideas ocurre conforme a un proceso que pasa por tres fases o etapas. Estas son: 1ª. Una tesis, 2ª. Una antítesis, y 3ª. Una síntesis.

A este proceso o movimiento de las ideas lo llama Hegel ley dialéctica.

La tesis significa una idea inicial, una posición mental como punto de partida del movimiento dialéctico, es una afirmación.

Al evolucionar o transformase, al cambiar o moverse por sí misma la tesis, da lugar a que en su seno mismo surja la idea contraria, el contra concepto, o sea la antítesis. La antítesis, significa una negación u oposición a la tesis y representa el segundo momento del movimiento dialéctico.

Estas dos ideas (La tesis y la antítesis) opuestas entre sí, producen una eliminación de sus elementos negativos y una fusión o combinación de sus aspectos positivos, dando origen a una tercera idea, superior por tanto a las anteriores, y que es la síntesis, o sea reunión de tesis y antítesis.

2.- NORMA, TESIS; CONDUCTA, ANTÍTESIS; SENTENCIA, SÍNTESIS.

En su tesis sobre la norma, Kelsen sostiene, según lo que se ha dicho, que cuando un Juez comprueba que se ha dado una situación concreta, -un delito, por ejemplo- su conocimiento se dirige a un ser natural dado en el tiempo y en el espacio, pero su "conocimiento es jurídico", solo después de poner en relación la situación de hecho, con la ley que ha de aplicar.

3.- LA CONDUCTA

Como se aprecia, de la misma tesis de Kelsen surge la antítesis de García Máynez.

La norma se ha de aplicar a una conducta –un delito, en el ejemplo- y a partir de ahí desarrolla García Máynez su tratado sobre la conducta.

4.- LA ACCIÓN MOTOR DE LA CONDUCTA

En su *Teoría del Conocimiento* Johaness Hessen estudia "la posibilidad del conocimiento" en cuya vertiente encuadra el pragmatismo y anota que el escepticismo es una posición esencialmente negativa –significa la negación de la posibilidad del conocimiento-. El escepticismo toma un sesgo positivo en el moderno pragmatismo.

Como el escepticismo, también el pragmatismo abandona el concepto de verdad en el sentido de la concordancia entre el pensamiento y el ser. Pero el pragmatismo no se detiene en esta negación, sino que reemplaza el concepto abandonado por un nuevo concepto de la verdad. Según él, verdadero significa útil, valioso, fomentador de la vida.

El pragmatismo modifica en esta forma el concepto de la verdad, porque parte de una determinada concepción del ser humano. Según él, el hombre no es en primer término, un ser teórico pensante, sino un ser práctico, un ser de voluntad y acción. Su intelecto está íntegramente al servicio de su voluntad y de su acción.

5.- LA VOLUNTAD

Estando dotado el ser humano de voluntad y de acción, puede y de hecho sucede día con día, faltar de pensamiento, palabra y obra, tomando este axioma de la religión católica, aplicable en lo jurídico, conforme a los supuestos de la Ley.

En un mundo ideal, las leyes serían invioladas, serian un catálogo de buenas intenciones.

Lo mismo puede decirse de la conducta. En un mundo utópico el hombre será perfecto y dejaría de ser sujeto de las leyes.

Norma y conducta no serían motivo de aplicación y sanción puesto que su inmutabilidad no trascendería al mundo jurídico.

Pero cuando la norma es infringida por una acción o una omisión considerada como ilícita, la norma ha de aplicarse irremediablemente a la conducta excesiva a la ley y ese acto de aplicación de la ley a cargo del Juez o ente resolutor, necesariamente desembocará en una sentencia.

6.- PENSAMIENTO Y ACCIÓN

Cuando Cesar Augusto Osorio y Nieto (*Síntesis de Derecho Penal*, México, Trillas, 1995) analiza el camino del delito (Iter criminis), nos comenta:

El itercriminis tiene dos fases: la interna, que se refiere a los procesos mentales y subjetivos del agente del delito, y la externa, que comprende las manifestaciones perceptibles por los sentidos, del delito.

Fase interna.

Esta fase está constituida por tres momentos:

-Primero, la ideación o idea criminosa, que es cuando el activo concibe en su mente la comisión de un ilícito penal (civil, administrativo, etc.).

-Segundo, la deliberación, que se refiere a la valoración, a la meditación, a la consideración entre la realización o abstención del hecho delictuoso.

-Tercero, la resolución, que es el momento en el que el sujeto decide llevar a cabo la conducta delictiva.

La fase interna, aclara Osorio, no es punible en virtud de que el Derecho Penal sanciona únicamente los hechos realizados, no las ideas.

Fase externa.

Se integrará también por tres momentos:

-Manifestación, momento en que el sujeto externa su pensamiento delictivo, cuando proyecta al exterior sus ideas criminosas, pero sólo con una idea, un pensamiento.

-Preparación, consiste en la realización de actos en sí mismos lícitos con el propósito de llegar a la ejecución del delito. Se trata de un momento intermedio entre la manifestación y ejecución, esta fase tampoco es sancionable.

-La ejecución, es el momento en el cual el sujeto activo anota su conducta para la realización del tipo, la fase dentro de la cual, el sujeto lleva a cabo todos los actos que supone necesarios para realizar la conducta delictiva, ideada, deliberada, resuelta, manifestada y preparada. Si se colman y reúnen todos los elementos típicos del delito, se estará en presencia del delito consumado.

7.- INFRACCIONES A LAS LEYES

Aunque la anterior exposición de Osorio y Nieto, corresponde al derecho penal, válidamente puede aplicarse por analogía a las demás ramas del derecho.

Si en materia civil uno de los participantes "piensa", incumplir un contrato, esa sola actitud no tiene repercusión en sí misma.

Las consecuencias del incumplimiento se tendrán cuando esta hipótesis se materialice y el resultado se tendrá, cuando después de concluido el juicio se dicte sentencia.

Lo mismo sucede en el ámbito mercantil, cuando no se cubre el importe de un título de crédito; en lo laboral, administrativo, agrario etc.

8.- TEORÍA DEL SER

El filósofo mexicano, Francisco Larroyo, maestro de infinidad de generaciones de estudiantes, nos señala en su *Introducción a la Filosofía de la Cultura* (México, Porrúa, 1971, p. 145), que aunque la filosofía de la religión, tiene un problema diferente al de la metafísica, es indudable que se dan ciertas relaciones entre ambas disciplinas, sobre todo para aquellos pensadores que ubican la reflexión metafísica en el centro de la filosofía.

En razón de tal circunstancia se consideran aquí los temas metafísicos. El hacerlo ayudara asimismo a ganar una idea completa de la actitud de quienes así piensan, ello es, de los cultivadores de la metafísica.

La metafísica no tiene por tarea o, por lo menos nunca puede considerarse como su objeto esencial de investigación, el estudio de los caracteres más generales del ser, es decir, las notas universales de cualquier objeto. Si a tal problema se limitara, la discusión acerca de la posibilidad de la metafísica sería un debate de nombres.

La parte de la filosofía que tiene por designio el fijar y determinar lo que es un objeto en general, se llama ONTOLOGÍA (del griego ONTOS, ENTE, SER y LOGOS, LOGIA, TRATADO).

En rigor no existe dirección filosófica que no se ocupe de tan importante cuestión. Toda filosofía tiene manifiesto interés en fijar un concepto DEL SER, una autentica moción de la realidad, cada una de las escuelas filosóficas poseen un tratado del ser, una ONTO-LOGIA, no importa el nombre que se prefiera para designar. En los últimos años, destacados pensadores cobijan dichos problemas ontológicos bajo el nombre de teoría del objeto.

9.- DISCIPLINAS JURÍDICAS FUNDAMENTALES

En nuestro trabajo, "Como llevar una defensa penal", Editorial Porrúa, pág. 5, Quinta Edición, 2012, señalamos:

"Fueron los juristas romanos los primeros en encargarse de la sistematización del derecho, al dividirlo en Derecho Público y Privado, aunque modernamente se añadió el social, quedando la clasificación de la siguiente manera: Privado: civil y mercantil; Público: constitucional, administrativo, penal, procesal y fiscal; y Social: laboral y agrario.

Añadimos: para el propósito de nuestro trabajo no importa tanto si el cuadro anterior es o no aceptado unánimemente ya que solo queremos precisar lo siguiente:

Sin que nos interese tampoco en forma preponderante si las asignaturas anteriores son el derecho público y privado o social, queremos destacar que la doctrina jurídica las ha denominado disciplinas jurídicas especiales, en virtud de que desde el punto de vista metodológico, a sus cultivadores les está vedado adentrarse en temas que rebasen los límites de la materia.

Por ejemplo –señalamos- no cabe la menor duda de que el especialista del derecho laboral debe estudiar el concepto de trabajador, de patrón o de intermediario; el penalista analizara la figura del procesado, del sentenciado o del indiciado; el fiscalista hablará del contribuyente, pero ninguno de ellos tratará lo concerniente a la persona o sujeto de derecho y menos aún a la cópula del deber ser, por pertenecer éstos conceptos a un área ajena a su objeto de estudio; y esa materia corresponde a las disciplinas jurídicas fundamentales que son la filosofía del derecho y la teoría general del derecho.

Así pues, cuando en esta aportación planteamos, demostramos epistemológica y metodológicamente el ser del derecho, nos alejamos de las disciplinas jurídicas especiales o dogmática jurídica y nos adentramos en las disciplinas jurídicas fundamentales, específicamente la filosofía del derecho, y tomando la postura de Francisco Larroyo; sostenemos que el ser del derecho, es la sentencia.

10.- EL LIBRE ALBEDRÍO

El libre albedrío, conforme la consulta en el buscador de Google, es la potestad que el ser humano tiene de obrar según considere y elija. Esto significa que las personas tienen materialmente libertad para tomar sus propias decisiones, sin estar sujetos a presiones, necesidades o limitaciones, o a una predeterminación divina.

El libre albedrío significa, en suma, que el ser humano tiene libertad tanto para hacer el bien como para hacer el mal. Y esto, desde luego, tiene sus implicaciones éticas y morales, pues el individuo que actúa según su libre albedrio es también responsable de sus acciones, tanto si cuenta como aciertos o como sus errores.

Libre albedrío en la Biblia, asienta la fuente consultada, que Dios dio al hombre la facultad para obrar según lo desee, independientemente de si sus decisiones son buenas o malas. En ese sentido, abundan pasajes bíblicos que apuntan a la libertad de los hombres para elegir el camino que han de tomar; si es correcto, que es –desde el punto de vista de la doctrina cristiana- el de Dios o el incorrecto que significa desviarse de Dios.

Libre albedrío en la Filosofía: más adelante apunta, san Agustín de Hipona sostenía que el libre albedrio supone la posibilidad que tiene el hombre de elegir entre el bien y el mal. En este sentido, es un concepto aplicado a la libertad del ser humano para obrar bien o mal. No obstante, él distingue que lo que se considera como libre albedrio es el buen uso de la libertad.

Por otro lado, según el determinismo, toda conducta o elección humana tiene su raíz en una causa, de modo que nuestras decisiones estarían determinadas indefinidamente por todas las causas que las preexisten, lo cual significa que no hay elección posible y que el libre albedrio en realidad no existe, no obstante, también existe la postura opuesta, esgrimida por los liberales, quienes no reconocen la tesis de los deterministas y, por lo tanto afirman que el libre albedrio Si existe.

Libre albedrío en el derecho. Según el derecho penal, el libre albedrío sirve de fundamento legal para el castigo de los delincuentes. Esto significa que si un individuo, al cometer un delito, ha tenido la libertad para decidir hacer el mal, entonces también ha elegido o aceptado, en consecuencia, la pena o castigo aplicado para dicho delito. Esto, desde luego, en caso de verse frustrada la impunidad.

11.- EL SISTEMA NORMATIVO

Tanto los juristas como los sociólogos estudian, desde luego, el sistema normativo que rige en toda comunidad y las consecuentes sanciones que se imponen según la norma que ha sido violada y concentran sus estudios en estas cuatro categorías: moral, derecho, religión y convencionalismos sociales.

Cada una de esas disciplinas tiene una característica que la distingue respecto a las demás y así se encuentra que frente a la unilateralidad de la moral está la bilateralidad del derecho; a la interioridad de la moral se enfrenta la exterioridad del derecho; la incoercibilidad de la moral tiene como contraparte a la coercibilidad del derecho y la autonomía de la moral se opone a la heteronomía del derecho.

La unilateralidad de las reglas éticas, hace ver el maestro Eduardo García Máynez en su *Introducción al Estudio del Derecho* (50a. ed., México, Porrúa, México, 2000) se hace consistir en que frente al sujeto a quien obligan no hay otra persona autorizada para exigir el cumplimiento de sus deberes. Las normas jurídicas son bilaterales porque imponen deberes correlativos de facultades o conceden derechos correlativos de obligaciones.

Añade que numerosos autores pretenden distinguir moral y derecho oponiendo a la interioridad de aquella la exterioridad del segundo. Ese criterio, anota el jurisconsulto mexicano, se remite a la Teoría de Kant, que señala que una conducta es buena cuando concuerda no solo exterior, sino interiormente con la regla ética. La simple concordancia externa, mecánica, del proceder de la norma carece de significación a los ojos del moralista. Cuando una persona ejecuta un acto de acuerdo con el deber, más no por respeto a este, su comportamiento no merece el calificativo de virtuoso. En cambio el derecho atiende esencialmente a los actos externos y después al carácter íntimo, pero solo cuando trascienden a la colectividad. El derecho se refiere a la realización de valores colectivos, mientras la moral persigue valores personales.

Analiza nuestro autor la incoercibilidad de la moral y la coercibilidad del derecho; esto significa que su cumplimiento ha de efectuarse de manera espontánea, pues de otra manera lo que haga carecerá de significación. Si el acto es obligatorio, el sujeto no tendrá ningún mérito. El derecho por su parte puede utilizar o prescribir el empleo de la fuerza como medio para conseguir la observancia de sus preceptos. Cuando estos no son acatados espontáneamente exige de determinadas autoridades que se obtenga coactivamente su cumplimiento.

12.- AUTONOMÍA Y HETERONOMÍA

Finalmente se refiere el Dr. García Máynez a la autonomía de la moral y la heteronomía del derecho. Toda conducta moralmente valiosa debe representar el cumplimiento de una máxima que el sujeto se ha dado a sí mismo, pero cuando la persona obra de acuerdo con un precepto que no deriva de su albedrío sino de una voluntad extraña, su proceder es heterónomo y por ende carece de todo mérito moral. Autonomía quiere decir auto legislación, reconocimiento espontáneo de un imperativo creado por la propia conciencia del sujeto. Heteronomía en cambio, es la sujeción a un querer ajeno, renuncia a la facultad de autodeterminación normativa. En la esfera de una legislación heterónoma el legislador y el destinatario son personas distintas; frente al autor de la ley hay un grupo de súbditos.

Según esta tesis los preceptos morales son autónomos, porque tienen su fuente en la voluntad de quienes deben acatarlos; las normas del derecho son; por el contrario, heterónomas ya que su origen no está en el albedrío de los particulares, sino en la voluntad de un sujeto diferente. Toda norma ética requiere para su realización, el asentimiento del obligado; las jurídicas poseen una pretensión de validez absoluta, independientemente de la opinión de los destinatarios. El legislador dicta sus leyes de una manera autártica, sin tomar en cuenta la voluntad de los súbditos. Aun cuando estos no reconozcan la obligatoriedad de aquellos, esa obligatoriedad subsiste incluso en contra de sus convicciones personales.

13.- SISTEMA NORMATIVO

De lo expuesto por el ilustre académico mexicano elaboraremos el siguiente cuadro, en el que se designan las características de cada una de las conductas en el hombre, impuestas por las disciplinas a que se ha venido haciendo mención.

ATRIBUTOS	DERECHO	MORAL	RELIGION	**CONVENCIONALISMOS SOCIALES**
UNILATERALIDAD		X	X	X
BILATERALIDAD	X			
INTERIORIDAD		X	X	
EXTERIORIDAD	X			X
COERCIBILIDAD	X			
INCOERCIBILIDAD		X	X	X
AUTONOMIA		X	X	X
HETERONOMIA	X			

Ahora bien, el incumplimiento o la violación a las normas o preceptos de cada una de las disciplinas de que hemos venido hablando, se traduce en una sanción que dependerá, en el caso de la religión, la moral y los convencionalismos sociales, del país y de la época en que se viva o se haya vivido, toda vez que lo que en un momento determinado fue sancionado puede posteriormente dejar de serlo.

En el caso de la religión, la inobservancia a los preceptos de la misma se traduce en una falta o en un pecado, frente al dios que venere cada religión, y que por regla general se plasma en una penitencia que impone el sacerdote o pastor de que se trate; salvo en el islamismo, donde la transgresión al Corán puede llevar a la muerte al infractor.

Lo mismo puede decirse de la moral, dada la incoercibilidad, la interioridad, la autonomía y la unilateralidad de las normas, no se impone sancion alguna al inobservante, y será su conciencia la que le recrimine su falta.

Por lo que toca a los convencionalismos sociales, como goza casi de los mismos atributos de los dos anteriores, salvo la exterioridad; quien falta a una norma de convivencia social, de urbanidad, tampoco es sujeto de ningún castigo corporal y la sanción será la crítica, desaprobación de la sociedad.

En cambio, el derecho en sus diferentes manifestaciones, obliga a todos aquellos a quienes va dirigido y serán sancionados sin importar su nacionalidad, pues en todo caso tendrán que ajustar su conducta al derecho que rige en un lugar y en una época determinada. La sanción dependerá del tipo de conducta. Así el incumplimiento de una obligación civil, familiar, mercantil, laboral, etc., se traducirá en una sentencia mediante la cual se obliga si es necesario coactivamente al responsable a su cumplimiento.

Situación diferente es el ámbito penal, en el que generalmente la sentencia consiste en la imposición de una pena corporal, que reduce al infractor a la pérdida de su libertad personal por el tiempo que se le haya impuesto como condena.

Vemos así, de qué manera, dentro de la esfera del derecho y dado que con él se protege la libertad de la colectividad y la vigencia del orden, el propio derecho crea sus instrumentos para restituir a la sociedad el orden alterado con la infracción del delincuente y esto refuerza nuestra postura, de que no es la norma ni la conducta el ser del derecho, sino la sentencia con la que se procura la existencia de la sociedad en general.

Capítulo V
La sentencia

1.- PRELACIÓN ONTOLÓGICA.

En el seno del octavo Congreso Nacional de Sociología, celebrado en la ciudad de Durango, Dgo., los días del 23 al 27 de septiembre de 1957, siendo Gobernador del Estado el distinguido penalista, Doctor Francisco González de la Vega, el licenciado Fausto E. Rodríguez García, abordó el tema que nos ocupa en una ponencia que tituló "Reflexiones sobre el objeto y el método de la sociología del derecho".

En la tercera parte de su trabajo, bajo el rubro de "Ciencia Jurídica, Sociología del Derecho y Ontología Jurídica", escribe:

"Por el momento, no nos interesa el tema de la ciencia jurídica –cuya jerarquía científica, repetimos, es algo logrado plenamente- como el planteado por la sociología del derecho, cuyo objeto y método deben ocuparnos propiamente; sin embargo, en nuestro cometido no es posible desentenderse totalmente de aquella, a la que por lo menos hay que referirse tangencialmente, ya que, justamente, frente a ella ha tenido planteada la sociología jurídica, con rasgos muy agudos, una cuestión de prelación ontológica".

Nos referimos –añade- a la disputa sobre cuál de las disciplina es la que, al determinar su objeto (derecho), pre constituye simultáneamente a la otra el "dato" de su reflexión teórica, de lo que resultaría que la ciencia que de tal manera recibiera en préstamo el "objeto" de su meditación propia, vendría a quedar relegada en un segundo plano y, en cierto modo, subordinada a la primera; pues bien, este problema de prioridad ontológica, que cobra auge bajo los auspicios de la concepción Kantiana de la ciencia, según la cual el fenómeno crea el objeto, resulta superado en nuestros días con base en los cánones fenomenológicos (Husserlianos) del trabajo científico, de conformidad con los cuales el sujeto cognoscente se halla enfrentado al objeto con el que toma contacto por vía "intuitiva", y cuya acotación, en cada caso, es tarea que incumbe realizar no al que, en ese respecto, hace "ontología", más concretamente no es el jurista dogmático quien ha de crear metodológicamente, a la manera Kantiana, el objeto de su ciencia, ni quien como científico ha de acotar fenomenológicamente dicho "dato", sino que es el filósofo del derecho, que en perspectiva de ontólogo, a quien toca hacer la correspondiente "ontología regional", proporcionando así el punto de partida (el dato) para el manejo científico del derecho.

2.- EFICACIA DEL DERECHO.

Queda así, pues, zanjada la dificultad surgida entre sociología del derecho y ciencia jurídica dogmática, ni tirios ni troyanos; tanto el sociólogo como el jurista, a la par científicos, trabajan sobre el mismo objeto que, como dato, les es suministrado por la Ontología Jurídica, que tiene rango filosófico.

Ahora bien, -precisa Rodríguez García-, partiendo de la concepción culturalista del derecho, que desde Radbruch y hasta nuestra época, ha venido cobrando el mayor predicamento, menester es caracterizar su estructura como "fenómeno de sentido" que ha de ser comprendido a la luz de los valores o desvalores que, como tal, traduce; para luego delimitar el enfoque o el ángulo (escorzo) que del derecho ha de explotar científicamente cada especialista –Dogmático o Sociológico.

Los más destacados ensayos de determinación ontológica jurídica, con base Husserliana –destaca el ponente- han desembocado en una perfilación del derecho como vida humana viviente, o viva, frente a los productos de la cultura que son vida humana objetivada, con esta base, subrayemos en primer término esa realidad humana viviente en su dimensión intersubjetiva, esto es, valores o desvalores (seguridad –inseguridad, orden- ritualismo, paz

–concordia, poder –opresión, solidaridad –aislamiento, cooperación –masificación, justicia –injusticia), siempre valores bilaterales de conducta, que incorpora como objeto cultural y dato de la experiencia histórica, el derecho demanda ser conceptuado, por su ciencia, en la "individualidad" de cada relación o situación jurídica concreta; por ello es que, si se ven las cosas con propiedad, hemos de convenir en que es en la decisión del juzgador **(sentencia o resolución administrativa de un conflicto)** en donde se consuma por antonomasia, el conocimiento científico del dato jurídico, al interpretar y determinar dogmáticamente el sentido del caso concreto, conceptuándolo como "facultad" (derecho), como "obligación" (deber), como "transgresión" (delito) o como "sanción", tan es así, que el jurista que, sin ser "orgánicamente" juez, quiera captar ese sentido jurídico de un caso individual, tiene que colocarse gnoseológicamente en la perspectiva del "juzgador". **La consecuencia, que de esto deriva es que la ciencia del derecho se nos ofrece como una ciencia normativa, porque conoce, interpreta dogmáticamente, la conducta humana mediante las normas, que también dogmáticamente formula el legislador, y que el juez "aplica" en cada caso".**

3.- LA SENTENCIA, ROSTRO DEL DERECHO.

Como se puede apreciar, por diferentes caminos se puede llegar a la esencia del derecho, al aspecto ontológico del derecho.

Por el anterior sendero, Rodríguez García, concluye que la sentencia, constituye el rostro ontológico del derecho.

Como lo hemos demostrado también en nuestra exposición, aplicando el método dialéctico de Hegel, extraemos de la entrañas de la tesis (norma), de la antítesis (conducta), una síntesis (sentencia) y por consiguiente en nuestro concepto, es la reglamentación de la sentencia desde la constitución misma, la que debe concentrar la atención del qué hacer y el esmero del legislador, pero particularmente y sobre todo del juzgador.

En las siguientes páginas, pues, estudiaremos la sentencia en su proyección constitucional, en su tratamiento procesal y su categoría como derecho fundamental.

SEGUNDA PARTE
LA SENTENCIA EN EL DERECHO POSITIVO MEXICANO.

Capítulo VI

La sentencia en la constitución

1.- LAS DIVERSAS RAMAS DEL DERECHO.

En los capítulos precedentes, hemos dado un paseo por la filosofía. De la enciclopedia jurídica Omeba tomamos lo necesario respecto de lo que modernamente se entiende por ontología, que es el estudio del ser, de la esencia, del objeto.

Volvemos a la *Enciclopedia Jurídica Omeba,* para encontrarnos con la ontología del derecho y con maestría se nos explica las posturas que sobre el particular asumen Kelsen y García Máynez. El primero descansa su teoría en la norma y el segundo en la conducta.

Mediante el método dialéctico y considerando la norma, concebimos esta idea como la tesis, que luego enfrentamos a la doctrina de García Máynez y su estudio sobre la conducta, y lo ubicamos como la antítesis.

De esta manera, las dos definiciones, más una tercera, que se convierte en la síntesis, que según nuestro parecer es la sentencia y es esta, para nosotros la esencia, del ser, el objeto del derecho. Por consiguiente abordaremos su estudio desde su tratamiento en la Constitución General de la República, la Teoría General del Proceso, el Derecho Procesal Civil, Penal, Laboral, Administrativo y conforme la Ley de Amparo.

2.- PRINCIPIOS CONSTITUCIONALES.

El párrafo cuarto del artículo catorce de la Constitución General de la República, es el que se refiere categóricamente a la sentencia, cuando ordena:

"En los juicios del orden civil, la sentencia definitiva deberá ser conforme a la letra o a la interpretación jurídica de la ley, y a falta de ésta, se fundará en los principios generales del derecho".

a).- Conforme a la letra.

Esta es la que la doctrina llama interpretación gramatical, que se basa en la letra, en la literalidad, en el sentido semántico de la palabra y para colmarla debemos remitirnos a los diccionarios más autorizados.

b).- Interpretación jurídica.

Los tratadistas, cuando abordan los diferentes tipos de interpretación nos señalan la gramatical, la jurisprudencial, la doctrinal y la auténtica.

Quedó dicho, cuál es la gramatical. La jurisprudencial es la señalada por los tribunales federales, en sus sentencias; la doctrinal, son las orientaciones que nos proporcionan los estudiosos del derecho en sus obras.

La interpretación auténtica, es la que da el legislador, cuando en la misma ley determina el sentido en que deben tomarse los conceptos ahí codificados.

Es una tendencia moderna, reservar un capítulo en la ley denominado glosario, en lo que se listan los significados de las figuras más importantes de la ley. Esta es pues la interpretación jurídica de que habla el artículo catorce de la Ley Suprema.

c).- Principios generales del derecho.

Son los autorizados por la parte final del párrafo cuarto del citado artículo catorce.

No hay unanimidad en cuanto a la delimitación de ellos, el maestro Eduardo García Máynez en su "Introducción al Estudio del Derecho" refiere que para ciertos tratadistas, son los del derecho romano, otros afirman que se trata de los universalmente admitidos en la ciencia y otros los identifican con el derecho justo o natural, opinión que es la correcta según del Vecchio.

d).- Sentencia definitiva.

El enunciado del párrafo en cita señala que: "La sentencia definitiva deberá ser..."

Más adelante ahondaremos respecto a los diferentes tipos de sentencias, por ahora nos atenemos a la definición que nos da el diccionario de ciencias jurídicas, política, sociales y de economía (Editorial Universidad). "Decisión judicial que en la instancia pone fin al pleito civil o causa criminal, resolviendo respectivamente entre los derechos de cada litigante y la condena o absolución del procesado".

3.- ANALOGÍA Y MAYORÍA DE RAZÓN.

El tercer párrafo del mismo artículo catorce constitucional dispone que en los juicios del orden criminal queda prohibido imponer, por simple analogía, y aún por mayoría de razón, pena alguna que no esté DECRETADA por una ley, exactamente aplicable al delito de que se trata.

Desde luego que la imposición de una pena necesariamente debe ser en una sentencia definitiva, pero no es a la sentencia a la que se refiere el dispositivo, sino que en materia penal queda prohibido utilizar la analogía y la mayoría de razón.

a) Analogía

Eli de Gortari (Diccionario de Lógica, P y V, México, 1988), la define como semejanza más o menos lejana, particularmente entre cosas que no se asemejan en su aspecto general y que no pueden ser asumidas bajo el mismo concepto; o relación o semejanza entre cosas distintas.

b) Mayoría de razón

El propio pensador mexicano nos dice que conforme al principio de razón suficiente, nada se produce sin que haya una causa o, al menos, una razón determinante que puede servir para dar razón de porque existe más bien que no existe y de porque es así y no de alguna otra manera.

4.- FORMALIDADES DEL PROCEDIMIENTO.

El segundo párrafo del ya citado artículo catorce, dispone que nadie puede ser privado de la libertad o de sus propiedades, posesiones o derechos, sino mediante juicio seguido ante los tribunales previamente establecidos, en el que se cumplan las formalidades esenciales del procedimiento y conforme a las leyes expedidas con anterioridad al hecho.

El precepto no habla literalmente de sentencia, pero válidamente podemos colegir que para dictarla es imprescindible:

a) Un juicio

Juicio, asienta el pequeño Larousse ilustrado, es la tramitación de un proceso o una causa ante un juez o tribunal adecuado, y su resultado.

b) Ante los tribunales previamente establecidos

Este mandato nos remite al artículo trece constitucional, que en su primera parte establece que nadie puede ser juzgado por leyes privativas ni por tribunales especiales.

Así pues, no puede crearse un tribunal ex profeso para una causa, no puede ser especial, sino que debe ser anterior al juicio. No puede crearse para conocer de un asunto en especial.

c) Que se cumplan las formalidades del procedimiento

Los artículos 59 y 160 de la Ley de Amparo precisan cuales pueden ser en materia penal, civil o mercantil y ante las juntas de conciliación, las formalidades esenciales del procedimiento.

- Materia civil: Cuando no se cite al demandado; cuando no se le reciban pruebas o cuando se le declare ilegalmente confeso.

- Materia penal: Cuando no se le haga saber al acusado el motivo del procedimiento instaurado en su contra; cuando no se le permita nombrar defensor, cuando no se le caree con los testigos, entre otras causas.

d) Conforme a las leyes expedidas con anterioridad al hecho, el primer párrafo del artículo catorce determina que a ninguna ley se dará efecto retroactivo en perjuicio de persona alguna.

En esa parte se encierra el principio de irretroactividad de la ley. La Ley debió expedirse antes del hecho que se juzga. Si es coetánea o posterior, se estaría aplicando retroactivamente. Se presenta aquí lo que el civilista mexicano Rafael Rojina Villegas denomina conflicto de leyes en el tiempo.

5.- MANDAMIENTO ESCRITO.

a) Al leer el artículo dieciséis constitucional encontramos.

Que nadie puede ser molestado en su persona, familia, domicilio o posesiones, sino en virtud de mandamiento escrito de la autoridad competente, que funde y motive la causa legal del procedimiento.

b) Tampoco en este apartado se habla específicamente de sentencia; no obstante debemos entender que cuando se menciona mandamiento se refiere a una sentencia que puede ser, como ya lo veremos más adelante, interlocutoria, definitiva o incluso un auto.

c) Mandamiento escrito

Sin mayores elucubraciones, podemos decir que un mandamiento escrito debe entenderse en contraposición a oral o verbal.

Ninguna autoridad de la jerarquía que sea, puede emitir verbalmente un mandamiento, siempre será con apego estricto a las garantías de legalidad y seguridad jurídica.

d) Fundamentación

El artículo dieciséis exige que además de escrito, el mandamiento debe estar fundado, lo que se cumple con la cita de los preceptos legales en que descansa su resolución, que deberán ser exactamente aplicables al caso.

e) Motivación

La motivación son los argumentos, los razonamientos lógico jurídicos por los cuales la autoridad considera, que la norma en que se fundamenta, es aplicable a la conducta, al hecho, al acto desplegado por el gobernado y con motivo de la cual se le está "molestando".

f) Causa legal del procedimiento

Aparte de todos los requisitos mencionados, la parte final del primer párrafo del artículo dieciséis, manda que haya un procedimiento.

No basta con elaborar un escrito, que este fundado y motivado, sino que es condición que el documento derive de un procedimiento, no debe ser un escrito aislado, surgido de la nada, sino de un procedimiento.

g) Que la autoridad sea competente

La competencia es un presupuesto procesal, además de representar una de las formalidades del procedimiento a que se refiere el artículo catorce constitucional.

A reserva de comentario más adelante, podemos anticipar que el derecho procesal civil estudia la competencia en razón de la materia, la cuantía, el grado y el territorio.

6.- JUSTICIA PRONTA, EXPEDITA E IMPARCIAL.

a) La segunda parte del artículo diecisiete de la Carta Magna, garantiza que "Toda persona tiene derecho a que se le administre justicia por tribunales que estarán expeditos para impartirla en los plazos y términos que fijen las leyes, emitiendo sus resoluciones de manera pronta, completa e imparcial".

b) En esta parte la Carta Magna habla expresamente de resoluciones, luego, aceptaremos que el texto constitucional considera equivalente resoluciones, sentencias y mandamientos.

c) En sus resoluciones, los tribunales administrarán la justicia de manera "expedita", es decir "libre de todo estorbo, pronta a obrar", si nos ajustamos a lo que por "expedito" entiende la Academia de la Lengua.

d) Plazo y términos. En las leyes procesales se usan esos vocablos como sinónimos, generalmente señalan los momentos clave en que se "cita para oír sentencia" y aunque no fijan fecha en que se dictará, las partes están prevenidas para que cualquier día se les notificará.

Sobra decir que ningún tribunal de la naturaleza que sea, respeta ni siquiera sus propios plazos. Las sentencias son dictadas mucho tiempo después, pretendiendo enmendar la demora don la consabida leyenda "Que se dicta hasta hoy en que las labores del juzgado lo permitieron".

e) De manera pronta, completa e imparcial.

- Pronta es lo veloz, acelerado, dispuesto, no obstante hablar de una justicia pronta, no es más que una mera utopía. No exageramos si reafirmamos que ningún tribunal respeta los plazos y términos legales.

- Completa. El artículo 81 del Código de Procedimientos Civiles del Distrito Federal (CDMX), precisa que todas las resoluciones sean decretos de trámite, autos provisionales, definitivos o preparatorios o sentencias interlocutorias, deben ser claras, precisas y congruentes con las promociones de las partes, resolviendo sobre **todo** lo que éstas hayan pedido.

Cuando el tribunal sea omiso en resolver todas las peticiones planteadas por el promovente, de oficio o a simple instancia verbal del interesado, deberá resolver las cuestiones omitidas dentro del día siguiente.

Añade ese precepto que las sentencias definitivas también deben ser claras precisas y congruentes con las demandas y las contestaciones y con las demás prestaciones deducidas oportunamente, en el pleito, condenando o absolviendo al demandado, y decidiendo todos los puntos litigiosos que hayan sido objeto del debate. Cuando estos hubieren sido varios, se hará el pronunciamiento correspondiente a cada uno de ellos.

Así pues, para comprender si una resolución está completa hemos de remitirnos al precepto que regula las sentencias y faltando cualquier requisito, esa no será "completa". La doctrina ha acuñado el principio de exhaustividad, que se refiere precisamente a este tema.

-Imparcialidad

El artículo 170 del Código de Procedimientos Civiles, enumera los casos en que todo magistrado, juez o secretario, se tendrá por impedido forzosamente para conocer de algún caso.

En tales circunstancias, el artículo 171 los obliga a excusarse del conocimiento del negocio.

Si el funcionario, a pesar de estar impedido, no se excusa, las partes podrán recusarlo.

Si conocen del negocio a pesar de los impedimentos que haya, es incuestionable que se está faltando a la imparcialidad ofrecida por el artículo diecisiete.

-Gratuidad

La última parte del primer párrafo del artículo diecisiete, prohíbe las costas judiciales previstas en el artículo 138 del Código de procedimientos Civiles del Distrito Federal (CDMX), asienta que por ningún acto judicial se cobrarán costas, ni aun cuando se actúe con testigos de asistencia, o se practiquen diligencias fuera del lugar del juicio.

El artículo 139 advierte que cada parte será inmediatamente responsable de los gastos y costas que originen las diligencias que promueva y que el pago de los gastos será a cargo del que falte al cumplimiento de la obligación.

7.- SENTENCIAS EN JUICIOS ORALES.

El párrafo quinto del artículo diecisiete, obliga a que las sentencias que pongan fin a los procedimientos orales, deberán ser explicadas en audiencia pública previa citación de las partes.

Como el dispositivo no distingue, debemos entender que en todo tipo de procedimiento orales: penales, civiles, mercantiles, etc.

8.- SENTENCIAS PENALES.

El artículo 22 de la Carta Magna, prohíbe que en las sentencias penales se impongan las siguientes penas: muerte, mutilación, infamia, marca, azotes, palos, tormento de cualquier especie, multa excesiva, confiscación de bienes y las inusitadas y trascendentes.

En la sentencia se impondrá la pena y será proporcional al delito que sancione y al bien jurídico protegido.

Artículo 23 Constitucional dice: Ningún juicio criminal deberá tener más de tres instancias. Nadie puede ser juzgado dos veces por el mismo delito, ya sea que en el juicio se le absuelva o se le condene. Queda prohibida la práctica de absolver de la instancia.

9.- SENTENCIAS EN EL AMPARO.

En la fracción segunda del artículo 107 de la Ley Fundamental, se determina:

"Las sentencias que se pronuncien en los juicios de amparo solo se ocuparán de los quejosos que lo hubieran solicitado, limitándose a ampararlos y protegerlos, si procedieren en el caso especial sobre el que verse la demanda".

La fracción XVI previene que si la autoridad incumple la sentencia que concedió el amparo. Pero el incumplimiento es justificado, se otorgará un plazo razonable para su cumplimiento, que podrá ampliarse a solicitud de la autoridad.

Cuando sea injustificado o transcurrido el plazo sin haberse cumplido, se procederá a separar de su cargo al titular y consignarlo ante el juez de distrito.

En su parte final, la misma fracción XVI ordena que no podrá archivarse juicio de amparo alguno, sin que se haya cumplido la sentencia que concedió la protección constitucional.

10.- RESOLUCIONES ADMINISTRATIVAS.

El artículo 90 Constitucional señala que la Administración Pública Federal será centralizada y paraestatal conforme la Ley Orgánica que expida el Congreso, que distribuirá los negocios del orden administrativo de la federación que estarán a cargo de las secretarias de estado.

La ley a que se refiere el anterior apartado, es la Ley Orgánica de la Administración Pública Federal.

Las dependencias de la administración pública, en los asuntos que les plantean los gobernados, emiten resoluciones administrativas que en una primera instancia se pueden combatir optativamente ante ellas mismas por medio de la Ley Federal del Procedimiento Administrativo o bien por el Procedimiento de lo Contencioso ante el Tribunal Fiscal de la Federación.

11.- EJECUCIÓN DE SENTENCIAS.

La fracción tercera del artículo 121 Constitucional ordena que las sentencias pronunciadas por los tribunales de un estado sobre derechos reales o bienes inmuebles ubicados en otro estado, sólo tendrán fuerza ejecutoria en este, cuando así lo dispongan sus propias leyes.

Las sentencias sobre derechos personales solo serán ejecutadas en otro estado, cuando la persona condenada se haya sometido expresamente o por razón de domicilio, a la justicia que las pronunció y siempre que haya sido citada personalmente para ocurrir a juicio.

12.- LAUDOS LABORALES.

En materia laboral, dice la fracción XX del artículo 123 de la Constitución, "Las diferencias o conflictos entre la capital y el trabajo, se sujetarán a la decisión de una junta de conciliación y arbitraje, formada por igual número de representantes de los obreros y de los patronos, y uno del gobierno" (Ahora juzgados laborales).

Agrega la fracción XXI que si el patrono se negare a someter sus diferencias al arbitraje o a aceptar el laudo pronunciado por la junta, se dará por terminado el contrato de trabajo e indemnizará al obrero con tres meses de salario.

13.- DECLARACIONES Y RESOLUCIONES EN LOS JUICIOS POLÍTICOS.

En el artículo 110 de la Carta Magna se enumeran los funcionarios que podrán ser sujetos de juicio político; entre otros.

Los ministros de la Suprema Corte, Secretarios de Despacho, las sanciones consistirán en la destitución del servidor público y su inhabilitación.

La Cámara de Diputados procederá a la acusación ante la Cámara de Senadores, previa declaración de la mayoría absoluta del número de los miembros presentes en sesión de aquella Cámara, después de haber sustanciado el procedimiento respectivo y con audiencia del inculpado.

Conociendo de la acusación la Cámara de Senadores, erigida en jurado de sentencia, aplicará la sanción correspondiente mediante resolución de las dos terceras partes de los miembros presentes en sesión, una vez practicadas las diligencias correspondientes y con audiencia del acusado.

Las declaraciones y resoluciones (concluye el artículo 110) de las Cámaras de Diputados y Senadores son inatacables.

14.- TRIBUNAL AGRARIO.

Sin más, la fracción XIX del artículo 27 de la Constitución Política ordena que "Con base en ésta Constitución, el estado dispondrá las medidas para la expedita y honesta impartición de la justicia agraria, con objeto de garantizar la seguridad jurídica en la tenencia de la tierra ejidal, comunal y de la pequeña propiedad, y apoyará la asesoría legal de los campesinos".

Son de jurisdicción federal todas las cuestiones que por límites de terrenos ejidales y comunales, cualquiera que sea el origen de éstos, se hallen pendientes o se susciten entre dos o más núcleos de población; así como las relacionadas con la tenencia de la tierra, de los ejidos y comunidades. Para estos efectos y, en general, para la administración de justicia agraria, la ley instituirá tribunales dotados de autonomía y plena jurisdicción, integrados por magistrados propuestos por el ejecutivo federal y designados por la Cámara de Senadores o, en los recesos de ésta, por la Comisión Permanente."

Capítulo VII

La sentencia en la teoría general del proceso

1.- FIN AL PROCESO.

El Doctor Cipriano Gómez Lara en su *Teoría General del proceso* (México, Harla, 1998) comenta que la sentencia es un tipo de resolución judicial, probablemente el más importante, que pone fin al proceso. Si dicha sentencia, además de poner fin al proceso, entra al estudio de fondo del asunto y resuelve la controversia mediante la aplicación de la Ley General al caso concreto, podemos afirmar que se ha producido una sentencia en sentido material. Si no entra al fondo del asunto ni dirime la controversia, sino que, por ejemplo, aplaza la solución del litigio… estaremos frente a una sentencia formal, pero no material.

Se refiere a los requisitos formales y citando a De Pina y Castillo Larrañaga, habla de la estructura de la sentencia y enumeran los siguientes requisitos:

a) Estar redactada como todos los documentos y resoluciones judiciales, en español (artículo 56).

b) Contener la indicación del lugar, fecha, y juez o tribunal que la dicte; los nombres de las partes contendientes y el carácter con que litigan, y el objeto del pleito (artículo 86).

c) Llevar las fechas y cantidades escritas con letra (artículo 56).

d) No contener raspaduras ni enmendaduras, poniéndose sobre las frases equivocadas una línea delgada que permita su lectura, salvándose el error al final con toda precisión (artículo 57) y

e) Están autorizadas con la firma entera del Juez o Magistrado que dictaron la Sentencia (artículo 80).

Estructura de la sentencia:

- Preámbulo: Además del lugar y fecha, el tribunal del que emana la resolución, los nombres de las partes, y la identificación del tipo del proceso en que se está dando la sentencia.

-Resultandos: Consideraciones de tipo histórico o descriptivo.

Se resaltan los antecedentes del asunto, la posición de cada una de las partes, sus afirmaciones, sus argumentos esgrimidos, así como las pruebas que las partes han ofrecido y su desenvolvimiento. En esta parte de los resultados, el tribunal no debe hacer ninguna mención de tipo estimativo o valorativo.

- Considerandos: parte medular de la sentencia, se llega a las conclusiones y opiniones del tribunal, resultado de la confrontación entre las pretensiones y las resistencias y la luz que las pruebas hayan arrojado sobre la materia de la controversia.

- Puntos Resolutivos: parte final de la sentencia, donde se precisa de forma concreta si el sentido de la sentencia es favorable al actor o al reo; si existe condena y del monto de ésta; plazos para cumplir la sentencia, en resumen, se resuelve el asunto.

2.- PRINCIPIOS QUE RIGEN LAS SENTENCIAS.

Separa Gómez Lara los requisitos internos, esenciales o sustanciales de las sentencias que son no los anteriores, que se refieren a la estructura, sino los aspectos esenciales de contenido que toda sentencia debe poseer y que según De Pina y Castillo Larrañaga son los siguientes:

-Congruencia de la sentencia es aquél principio normativo dirigido a delimitar las facultades resolutorias del órgano jurisdiccional, por el cual debe existir identidad entre lo resuelto y lo controvertido, oportunamente, por los litigantes, y en relación con los poderes atribuidos en cada caso, al órgano jurisdiccional por el ordenamiento jurídico.

Es, agrega Gómez Lara, la congruencia o relación entre lo aducido por las partes y lo considerado y resuelto por el tribunal. Si la sentencia se refiere a cosas que no han sido materia del litigio, ni de las posiciones de las partes, será incongruente.

- Motivación de la Sentencia:

Obligación del tribunal de expresar los motivos, razones y fundamentos de su resolución.

Aclara nuestro autor, que en el Régimen Jurídico Mexicano, la motivación y fundamentación de los actos no es exclusivo de los órganos judiciales, sino que se extiende a toda autoridad.

- Exhaustividad de la Sentencia.

Es exhaustiva la sentencia cuando haya tratado todas y cada una de las cuestiones planteadas por las partes, sin dejar de considerar ninguna.

Capítulo VIII
Sentencias civiles

1.- DOCTRINA DE ROCCO.

El italiano Alfredo Rocco, es quizá el primero de los procesalistas que dedicaron un profundo análisis de las sentencias, y lo hace en su obra *La Sentencia Civil* (México, Cárdenas Editor, 1993).

En el prólogo de su libro, Rocco, adelanta que la doctrina de la sentencia comprendía en sí, la doctrina de todo el procedimiento y un tratado de tal especie sería, en último término un tratado de derecho procesal civil.

Antes de entrar de lleno al estudio de la sentencia, anota Rocco que deben abordarse primero los conceptos de jurisdicción, como función y como poder; de procedimiento, como actividad en la que la función se desarrolla; de derecho procesal, como conjunto de normas que tal función y por consiguiente tal actividad regulan; son estos los supuestos indispensables de su estudio:

a) Por la estrechísima conexión lógica que une a las diferentes instituciones procesales, debida a la íntima relación existente entre los diferentes elementos del procedimiento, parte, de un todo único, encaminado a un fin único, que por su posición en el conjunto adquieren carácter y notoriedad.

b) Por la particular posición de la sentencia en el conjunto del procedimiento; por el cual, en el periodo de prueba, encuentra en la sentencia precisamente el auto final, al que todos los demás tienden como su fin inmediato, y el periodo de ejecución, se presenta frecuentemente como actuación de lo declarado en la sentencia, que constituye por tanto el título y determina los límites; de manera que la sentencia, es siempre el punto final del procedimiento de prueba y muchas veces el punto de partida del procedimiento ejecutivo.

c) Tras un repaso a la teoría de norma, Rocco arriba al concepto de jurisdicción. Dice que el objeto de la actividad jurisdiccional es la realización de los intereses que el derecho objetivo tutela cuando ésta tutela resulta ineficaz, o sea, cuando las normas generales de conducta, encuentran obstáculo para su efectiva actuación.

La jurisdicción es, -subraya- por consiguiente, también tutela de intereses, como tutela de intereses es la legislación.

Define la jurisdicción como "La actividad mediante la que el estado procura directamente la satisfacción de los intereses tutelados por el derecho, cuando por algún motivo (inseguridad o inobservancia) no se realice la norma jurídica que los tutela".

2.- DEFINICIÓN DE ROCCO.

Una vez fijado el concepto de jurisdicción, Rocco pasa al de la sentencia, que concibe como "El acto por el cual el estado, por medio del órgano de la jurisdicción destinado para ello (Juez), aplicando la norma al caso concreto, indica aquella norma jurídica que el derecho concede a un determinado interés".

Analiza Rocco, las instituciones con, que la sentencia tiene íntima relación y no son otra cosa que los momentos; y/o etapas del procedimiento, antes de llegar a la sentencia.

El procedimiento, apunta, es el desarrollo de la función jurisdiccional, o sea de la actividad del estado para la satisfacción de los intereses privados tutelados, y de la actividad de los particulares, a cuya voluntad está subordinado el ejercicio de la actividad estatal.

De esa definición extrae el término acción y destaca que el derecho de acción es un derecho subjetivo existente por sí mismo, distinto de los varios derechos subjetivos principales o materiales a los cuales puede referirse.

Deduce también que el derecho de acción es un derecho subjetivo que corresponde a cada ciudadano como tal (y por consiguiente, también a los extranjeros), que están a este respecto equiparados a los ciudadanos, artículo 30 del Código Civil o sea a todo el que en el estado es reconocido como titular de derechos subjetivos o persona.

Enfatiza que el derecho de acción es un derecho subjetivo público del ciudadano con el estado, y solo con el estado.

El derecho de acción, comprende una cantidad de facultades, reconocidas y disciplinadas por el derecho procesal, objetivos agrupados en dos categorías:

-Facultad de obtener del Juez la declaración de relaciones de derecho material o procesal inciertas.

-Facultad de obtener del Juez y de los demás órganos de la jurisdicción (en especial, secretarios) actos de naturaleza ejecutiva para la preparación de la declaración y para la realización de los intereses procesales y materiales cuya tutela aparezca acreditada.

Concebimos, concluye Rocco –el derecho de acción como comprendiendo en sí todas las facultades que corresponden a las partes en el procedimiento y el ejercicio de aquél derecho como comprendiendo todos los actos procesales de las partes.

3.- CLASIFICACIÓN DE LAS SENTENCIAS SEGÚN ROCCO.

Distingue la sentencia declaratoria de la condenatoria.

La declaratoria es una sentencia pura y simple, o sea un juicio lógico sobre la existencia o no existencia de una relación o estado jurídico.

La sentencia condenatoria, es una sentencia, a la cual se añade una específica conminatoria de ejecución forzosa dirigida al obligado.

La declaratoria es un puro juicio lógico; la condenatoria un juicio lógico más un acto de voluntad.

En cuanto es sentencia, también la sentencia condenatoria es un juicio lógico; la conminatoria es ya un acto preparatorio de ejecución.

Rocco clasifica también las sentencias en atención a la naturaleza de la relación sobre la que versa la sentencia, o sea el objeto o materia de la sentencia.

Se basa en las relaciones de derecho material y relaciones de derecho procesal, presentándonos el siguiente cuadro:

A) Sentencias que versan sobre las relaciones de derecho material; sobre el fondo.

B) Sentencias que versan sobre relaciones de derecho procesal; sobre la forma.

Subdivide estas así:

-Sentencias que versan sobre el derecho a obtener la sentencia sobre el fondo (las llamadas sentencias sobre presupuestos procesales).

-Sentencias que versan sobre el derecho a obtener un determinado medio de prueba.

-Sentencias que versan sobre el derecho a obtener un determinado acto ejecutivo, definitivo o simplemente provisional (por ejemplo un secuestro).

Aborda también las que parten de las relaciones entre la sentencia y el procedimiento en el curso del cual han sido pronunciadas y son:

A) Sentencias finales, o, aunque menos exactamente, definitivas, las cuales cierran el procedimiento; estas se subdividen en:

- Sentencias finales que versan sobre la relación material; este es el caso normal en que sentencia definitivamente la litis;

- Sentencias finales que versan sobre relaciones procesales; que son las que versando sobre el derecho a obtener la sentencia sobre el fondo, el juez niega ese derecho al actor, ya por falta en el mismo juez de la facultad de decidir la litis (competencia por el valor, por la materia, por el territorio).

Por vicios de forma en la proposición de la acción. En estos casos el juez pone fin al procedimiento con fallar sobre la relación material, la cual queda sin prejuzgar, y puede ser de nuevo sujeta al examen del juez.

A) Sentencias interlocutorias, en sentido lato, las cuales no cierran el procedimiento, sino que deciden una cuestión en el curso del mismo; por consiguiente, una cuestión singular. Estas sentencias se dividen así:

-Sentencias que fallan sobre una relación singular de derecho material (interlocutoria en sentido estricto).

-Sentencias que en el curso del procedimiento, versan sobre una relación singular de derecho procesal (sentencias incidentales o también preparatorias).

Estas se subdividen en:

- Sentencias incidentales sobre el derecho a ordenar la sentencia:

Así, por ejemplo, las sentencias que fallan sobre la incompetencia.

- Sentencias incidentales, sobre el derecho a obtener un medio de prueba.

- Sentencias incidentales sobre el derecho a obtener una providencia ejecutiva, de naturaleza provisional.

4.- DOCTRINA DE ABITIA ARZAPALO.

El mexicano. José Antonio Abitia Arzapalo en su conocida obra *De la cosa juzgada en materia civil* (México, Cárdenas Editor, 1959) obtiene, entre otras las siguientes conclusiones relativas a la sentencia:

1.- La sentencia, al resolver la pretensión judicial deducida, hace efectivo el tipo de derecho que, por estar en vigor, aplica para decidir el caso en litigio. La sentencia realiza, entonces, el tipo de justicia que corresponde al derecho que aplica, que en cada época y en cada país es naturalmente diferente, según el grado de su evolución.

2.- La sentencia resuelve el litigio, decidiendo sobre la pretensión hecha valer, ya absolviendo, ya condenando y en todo caso declarando el derecho subjetivo que reconoce.

3.- La esencia de la sentencia la integra su parte dispositiva, en donde radica el acto de autoridad, este pronuncia las sentencias por medio de los órganos jurisdiccionales revestidos de competencia. La sentencia es imperativa y obligatoria, por regla general, una vez que ha quedado firme, pero existen casos en que es ejecutiva aun antes de quedar firme, como acontece con aquella contra la cual se ha admitido la apelación interpuesta en solo el efecto devolutivo.

4.- Hay sentencias que se pronuncian en rebeldía de parte, esto es, las dictadas sin la comparecencia al juicio del demandado, y otras que se pronuncian en procedimiento contradictorio, es decir, que se dictan actuando conjuntamente en el juicio ambas partes.

5.- La sentencia es estimatoria, cuando la misma resulta favorable al demandado puesto que lo absuelve, y ambas se distinguen de la parcialmente estimatoria, en que ésta sólo es favorable en parte para el actor.

6.- La sentencia de condena, además de que declara el derecho, hace posible su ejecución.

7.- La sentencia declarativa no contiene condena: simplemente pone en claro, por declaración, la existencia de una determinada relación jurídica o de un hecho que tenga trascendencia jurídica, puestos en duda o discutidos.

8.- Sentencia constitutiva es aquella, mediante la cual se obtiene la constitución, modificación o extinción de una relación de derecho, es decir, es la que produce un estado jurídico que antes de ella no existía; obra normalmente ex –nunc. (Desde ahora)

Los efectos del cambio jurídico sólo empiezan cuando el cambio se produce, o sea, cuando la sentencia tiene valor de cosa juzgada; sólo por disposición expresa de la ley, excepcionalmente obra ex tunc, es decir, "sus efectos se retrotraen –expresa Chiovenda-, al pronunciamiento definitivo".

9.- En los casos de sentencia en rebeldía, en que el demandado hubiere sido emplazado por edictos, la cosa juzgada no puede producirse durante el lapso en que la apelación extraordinaria puede interponerse, puesto que durante ese periodo, la sentencia no puede causar ejecutoria.

10.- La cualidad de inmutabilidad de la sentencia (cosa juzgada), no debe entenderse en el sentido de que en ningún caso pueda ya volverse a resolver, en otro juicio, la misma cuestión decidida en el anterior. Para que esto suceda, en nuestro derecho, es necesario que la parte interesada haga valer la excepción de cosa juzgada.

11.- En las resoluciones dictadas en jurisdicción voluntaria, no se integra la cosa juzgada substancial, sino solo la cosa juzgada formal, puesto que son susceptibles de tomarse inimpugnables en el mismo procedimiento, por vía de preclusión, cuando son autos.

12.- Existen casos en que resulta imposible pronunciar sentencia de fondo que resuelva la pretensión planteada. Lo que acontece cuando falta uno de los presupuestos procesales: Competencia improrrogable, falta de personalidad o de representación de alguna de las partes, emplazamiento defectuosamente practicado. Sucede también cuando, tratándose de litisconsorcio activo o pasivo necesario, no son oídos en el proceso todos los que integran delito litisconsorcio, puesto que, si en tales condiciones se dicta sentencia de fondo, la mima puede alcanzar en sus efectos a personas que no han litigado. En todas estas situaciones debe dictarse no sentencia de fondo, sino sentencia que absuelva de la instancia, para que la demanda pueda nuevamente plantearse cumpliéndose los requisitos esenciales omitidos.

13.- Cuando la sentencia omite resolver un punto del debate, no hay cosa juzgada sobre este punto, porque, como dice Manzini, la autoridad de la cosa juzgada opera solo respecto de lo disputado y fallado, no respecto a lo que no ha sido decidido.

14.- Cuando en la sentencia existe contradicción entre motivación y lo decidido, vale lo decidido, porque el mandato prevalece siempre sobre las razones que le sirven de inspiración, pero siempre que la contradicción no sea conciliable por vía de interpretación.

15.- Cuando la contradicción se presenta entre los resolutivos mismos del fallo, entonces no existe propiamente sentencia, puesto que los decisorios contradictorios entre sí, se destruyen recíprocamente; no hay decisión.

16.- La eficacia natural o reflejo de la sentencia de fondo, se regula según las normas substantivas que rigen las situaciones jurídicas singulares, que fijan el grado de su interdependencia, no se rige, en consecuencia, conforme a las normas del derecho procesal.

17.- En el caso del causahabiente (último párrafo del artículo 422 del Código de Procedimientos Civiles del Distrito Federal), la sentencia que se pronuncie en contra o a favor del causante, produce toda su natural eficacia en perjuicio o en beneficio del causahabiente, pero no en virtud de una representación o de una identificación de personas que en realidad no existen, sino por repercusión; es decir, no porque exista la autoridad de la cosa juzgada con eficacia en contra del causahabiente que no fue parte en el juicio (si ésta se le hiciera extensiva, indiscutiblemente se le violaría su garantía de previa audiencia), sino porque, la eficacia general simplemente potencial del fallo, repercute en todos los demás sujetos de relaciones conexas con el objeto de la decisión.

18.- Aunque, por supuesto, no es la transacción cosa juzgada, sin embargo, por vía de asimilación y por naturaleza especial de este contrato, la ley dispone que el mismo produce, respecto de las partes, igual eficacia y autoridad que la cosa juzgada.

19.- La sentencia arbitral, en cuanto que es dictada por una autoridad instituida por el Estado -aunque no nombrada por él-, y en cuanto que es pronunciada por esa autoridad en el ejercicio de verdadera y propia jurisdicción, al volverse ejecutoria en los términos de ley, adquiere la autoridad de la cosa juzgada.

20.- Aunque la sentencia extranjera, finalmente, carece de la autoridad de la cosa juzgada en nuestro país, sin embargo, al ser aprobada por nuestros jueces, adquiere o se constituye con fuerza equivalente a la de nuestras propias sentencias.

Capítulo IX

Las sentencias en el procedimiento penal

1.- SISTEMA ORAL.

Es sabido que el 18 de junio de 2008 fue publicado el decreto, mediante el cual se reforman los artículos 16, 17, 18, 19, 20 y 21 de la Constitución General de la República y se instituye el sistema procesal acusatorio.

Como los estados tenían reservada la facultad de promulgar sus propios Códigos de Procedimientos Penales, se cayó en un caos que empezó a distorsionar el espíritu de la reforma. Por tal motivo el 4 de marzo de 2014 fue promulgado el Código Nacional de Procedimientos Penales de aplicación en todo el territorio nacional, unifica de esta manera y en un solo documento la legislación procesal penal, teniendo las entidades federativas un plazo hasta 2016 para que materialicen la reforma.

2.- CÓDIGO NACIONAL DE PROCEDIMIENTOS PENALES.

Así, los artículos 67, 68, 69, 70, 71 y 72 del mencionado Código Nacional prescriben:

Artículo 67. Resoluciones judiciales

La autoridad judicial pronunciará sus resoluciones en forma de sentencias y autos. Dictará sentencia para decidir en definitiva y poner término al procedimiento y autos en todos los demás casos. Las resoluciones judiciales deberán mencionar a la autoridad que resuelve, el lugar y la fecha en que se dictaron y demás requisitos que este Código prevea para cada caso.

Los autos y resoluciones del Órgano jurisdiccional serán emitidos oralmente y surtirán sus efectos a más tardar al día siguiente. Deberán constar por escrito, después de su emisión oral, los siguientes:

I. Las que resuelven sobre providencias precautorias;

II. Las órdenes de aprehensión y comparecencia;

III. La de control de la detención;

IV. La de vinculación a proceso;

V. La de medidas cautelares;

VI. La de apertura a juicio;

VII. Las que versen sobre sentencias definitivas de los procesos especiales y de juicio;

VIII. Las de sobreseimiento, y

IX. Las que autorizan técnicas de investigación con control judicial previo.

En ningún caso, la resolución escrita deberá exceder el alcance de la emitida oralmente, surtirá sus efectos inmediatamente y deberá dictarse de forma inmediata a su emisión en forma oral, sin exceder de veinticuatro horas, salvo disposición que establezca otro plazo.

Las resoluciones de los tribunales colegiados se tomarán por mayoría de votos. En el caso de que un Juez o Magistrado no esté de acuerdo con la decisión adoptada por la mayoría, deberá emitir su voto particular y podrá hacerlo en la propia audiencia, expresando sucintamente su opinión y deberá formular dentro de los tres días siguientes la versión escrita de su voto para ser integrado al fallo mayoritario.

Artículo 68. Congruencia y contenido de autos y sentencias

Los autos y las sentencias deberán ser congruentes con la petición o acusación formulada y contendrán de manera concisa los antecedentes, los puntos a resolver y que estén debidamente fundados y motivados; deberán ser claros, concisos y evitarán formulismos innecesarios, privilegiando el esclarecimiento de los hechos.

Artículo 69. Aclaración

En cualquier momento, el Órgano jurisdiccional, de oficio o a petición de parte, podrá aclarar los términos oscuros, ambiguos o contradictorios en que estén emitidas las resoluciones judiciales, siempre que tales aclaraciones no impliquen una modificación o alteración del sentido de la resolución.

En la misma audiencia, después de dictada la resolución y hasta dentro de los tres días posteriores a la notificación, las partes podrán solicitar su aclaración, la cual, si procede, deberá efectuarse dentro de las veinticuatro horas siguientes. La solicitud suspenderá el término para interponer los recursos que procedan.

Artículo 70. Firma

Las resoluciones escritas serán firmadas por los jueces o magistrados. No invalidará la resolución el hecho de que el juzgador no la haya firmado oportunamente, siempre que la falta sea suplida y no exista ninguna duda sobre su participación en el acto que debió suscribir, sin perjuicio de la responsabilidad disciplinaria a que haya lugar.

Artículo 71. Copia auténtica

Se considera copia auténtica al documento o registro del original de las sentencias, o de otros actos procesales, que haya sido certificado por la autoridad autorizada para tal efecto.

Cuando, por cualquier causa se destruya, se pierda o sea sustraído el original de las sentencias o de otros actos procesales, la copia auténtica tendrá el valor de aquéllos. Para tal fin, el Órgano jurisdiccional ordenará a quien tenga la copia entregarla, sin perjuicio del derecho de obtener otra en forma gratuita cuando así lo solicite. La reposición del original de la sentencia o de otros actos procesales también podrá efectuarse utilizando los archivos informáticos o electrónicos del juzgado.

Cuando la sentencia conste en medios informáticos, electrónicos, magnéticos o producidos por nuevas tecnologías, la autenticación de la autorización del fallo por el Órgano jurisdiccional, se hará constar a través del medio o forma más adecuada, de acuerdo con el propio sistema utilizado.

Artículo 72. Restitución y renovación

Si no existe copia de las sentencias o de otros actos procesales el Órgano jurisdiccional ordenará que se repongan, para lo cual recibirá de las partes los datos y medios de prueba que evidencien su preexistencia y su contenido. Cuando esto sea imposible, ordenará la renovación de los mismos, señalando el modo de realizarla.

El tercer párrafo del artículo 67 previene que en ningún caso, la resolución escrita deberá exceder el alcance de la emitida oralmente y que surtirá sus efectos inmediatamente. Debe dictarse en forma inmediata a su emisión oral.

Recuérdese que el segundo párrafo del artículo 409 de la Ley sustantiva establece que el Tribunal de enjuiciamiento se pronunciará sobre alguna de las medidas alternativas a la pena y dentro de los cinco días redactará la sentencia. Primero se pronunciará oralmente y luego por escrito. A esto se refiere aquél apartado cuando advierte que el escrito no rebasará la pena impuesta en forma oral.

3.- CONGRUENCIA DE LAS SENTENCIAS.

Por lo demás, se respetan los principios generales de las sentencias como son:

a) Congruencia, que se debe ceñir, apunta el artículo 68 a la petición o acusación formulada y contendrá los antecedentes en forma concisa; los puntos a resolver fundados y motivados, claros concisos y se evitarán formulismos innecesarios, privilegiando el esclarecimiento de los hechos.

b) Aclaración de términos obscuros, ambiguos o contradictorios, siempre que no se implique una modificación o alteración del sentido de la resolución. La aclaración puede ser en la misma audiencia o dentro de los tres días posteriores; si procede se hará dentro de las veinticuatro horas y suspenderá el término para interponer el recurso respectivo.

Capítulo X

Las sentencias en los juicios de amparo

1.- TIPO DE SENTENCIAS.

- La sentencia de amparo es un acto jurisdiccional que resuelve la controversia constitucional planteada.
- Esta consideración se refiere a las sentencias que niegan u otorgan la protección federal y no para aquellas que sobreseen el juicio.
- En este último caso el tribunal de control no estudia la constitucionalidad o inconstitucionalidad del acto reclamado.
- En este capítulo se estudian conjuntamente las sentencias que se producen en los amparos directos como en los indirectos

2.- CLASIFICACIÓN DE LAS SENTENCIAS.

El maestro José Padilla, en su reconocida obra *Sinopsis de Amparo,* elaboró la siguiente clasificación:

- Sentencias que conceden el amparo; se obtienen por haber probado la existencia del acto y su inconstitucionalidad.
- Sentencias que niegan el amparo; la negativa de amparo se produce por no haber probado la inconstitucionalidad del acto, pero sí su existencia.
- Sentencias de sobreseimiento; el tribunal de amparo sobresee, lo que significa no entrar al fondo del asunto por algún impedimento legal.

3.- PRINCIPIOS QUE RIGEN LAS SENTENCIAS.

- De relatividad o "Fórmula de Otero", consagrado en la fracción II del artículo 107 Constitucional y en el primer párrafo del artículo 76 de la ley, el cual se refiere al alcance de las sentencias. (Apéndice 1975, Tesis 99, Parte General).
- El de estricto derecho, consistente en que el juzgador debe concretarse a analizar los conceptos de violación hechos valer por el quejoso sin estudiar ni hacer consideraciones de inconstitucionalidad sobre aspectos que no contenga la demanda.
- Suplencia de la queja deficiente; este principio estriba en que el tribunal de amparo puede o debe, en algunos casos, perfeccionar la demanda y hacer valer conceptos de violación que el quejoso no incluyó.

4.- EL CONTENIDO DE LAS SENTENCIAS.

- Los Resultandos. El artículo 74 de la ley, en su fracción I señala que el juzgador debe hacer una fijación clara y precisa del acto o actos reclamados, y la apreciación de las pruebas conducentes para tenerlos o no por demostrados. Esta primera parte de las sentencias consiste en una narración sintética del contenido del expediente.
- Los Considerandos. Puede decirse que se trata de los fundamentos legales que utiliza el tribunal de amparo para sobreseer, negar u otorgar la protección federal.
- Resolutivos. En ellos se concreta la resolución indicando contra qué actos se sobresee, niega o ampara y también se especifica a qué autoridades se refieren esos actos.

5.- EFECTOS DE LAS SENTENCIAS.

- Las que niegan. Simplemente declaran la constitucionalidad del acto reclamado.

- Las que sobreseen. Son declarativas como las anteriores y dejan a la responsable en aptitud de actuar conforme a sus atribuciones sin cuestionar la constitucionalidad o inconstitucionalidad de los actos reclamados.

- Las que amparan.

°Si el acto reclamado contra el que se otorgó el amparo es de carácter positivo, su efecto será el de restituir al agraviado en el pleno goce de la garantía individual violada, restableciendo las cosas al estado que guardaban antes de la violación, según lo estatuye la primera parte del artículo 80 de la ley.

°Si el acto es de carácter negativo, los efectos serán el de obligar a la autoridad responsable a que obre en el sentido de respetar la garantía de que se trate y a cumplir, por su parte, lo que la misma garantía exige.

6.- PRECEPTOS DE LA LEY DE AMPARO.

1.- Las Sentencias de amparo son reglamentadas por los artículos del 73 al 79 de la Ley de Amparo, que prescriben:

Artículo 73. Las sentencias que se pronuncien en los juicios de amparo sólo se ocuparán de los individuos particulares o de las personas morales, privadas u oficiales que lo hubieren solicitado, limitándose a ampararlos y protegerlos, si procediere, en el caso especial sobre el que verse la demanda. El Pleno y las Salas de la Suprema Corte de Justicia de la Nación, así como los Tribunales Colegiados de Circuito, tratándose de resoluciones sobre la constitucionalidad o convencionalidad de una norma general y amparos colectivos, deberán hacer públicos los proyectos de sentencias que serán discutidos en las sesiones correspondientes, cuando menos con tres días de anticipación a la publicación de las listas de los asuntos que se resolverán. Párrafo reformado DOF 17-06-2016 La Suprema Corte de Justicia de la Nación y el Consejo de la Judicatura Federal, mediante acuerdos generales, reglamentarán la publicidad que deba darse a los proyectos de sentencia a que se refiere el párrafo anterior. Párrafo adicionado DOF 17-06-2016 Cuando proceda hacer la declaratoria general de inconstitucionalidad se aplicarán las disposiciones del Título Cuarto de esta Ley. En amparo directo, la calificación de los conceptos de violación en que se alegue la inconstitucionalidad de una norma general, se hará únicamente en la parte considerativa de la sentencia.

Artículo 74. La sentencia debe contener: I. La fijación clara y precisa del acto reclamado; II. El análisis sistemático de todos los conceptos de violación o en su caso de todos los agravios; III. La valoración de las pruebas admitidas y desahogadas en el juicio; LEY DE AMPARO, REGLAMENTARIA DE LOS ARTÍCULOS 103 Y 107 DE LA CONSTITUCIÓN POLÍTICA DE LOS ESTADOS UNIDOS MEXICANOS CÁMARA DE DIPUTADOS DEL H. CONGRESO DE LA UNIÓN Secretaría General Secretaría de Servicios Parlamentarios Última Reforma DOF 17-06-2016 26 de 91 IV. Las consideraciones y fundamentos legales en que se apoye para conceder, negar o sobreseer; V. Los efectos o medidas en que se traduce la concesión del amparo, y en caso de amparos directos, el pronunciamiento respecto de todas las violaciones procesales que se hicieron valer y aquellas que, cuando proceda, el órgano jurisdiccional advierta en suplencia de la queja, además de los términos precisos en que deba pronunciarse la nueva resolución; y VI. Los puntos resolutivos en los que se exprese el acto, norma u omisión por el que se conceda, niegue o sobresea el amparo y, cuando sea el caso, los efectos de la concesión en congruencia con la parte considerativa. El órgano jurisdiccional, de oficio podrá aclarar la sentencia ejecutoriada, solamente para corregir los posibles errores del documento a fin de que concuerde con la sentencia, acto jurídico decisorio, sin alterar las consideraciones esenciales de la misma.

Artículo 75. En las sentencias que se dicten en los juicios de amparo el acto reclamado se apreciará tal y como aparezca probado ante la autoridad responsable. No se admitirán ni se tomarán en consideración las pruebas que no se hubiesen rendido ante dicha autoridad. No obstante lo dispuesto en el párrafo anterior, en el amparo indirecto el quejoso podrá ofrecer pruebas cuando no hubiere tenido oportunidad de hacerlo ante la autoridad responsable. Adicionalmente, en materia penal, el juez de distrito deberá cerciorarse de que este ofrecimiento en el amparo no implique una violación a la oralidad o a los principios que rigen en el proceso penal acusatorio. Párrafo reformado DOF 17-06-2016 El Órgano jurisdiccional deberá recabar oficiosamente las pruebas rendidas ante la responsable y las actuaciones que estime necesarias para la resolución del asunto. En materia penal, se estará a lo dispuesto en la última parte del párrafo anterior. Párrafo reformado DOF 17-06-2016 Además, cuando se reclamen actos que tengan o puedan tener como consecuencia privar de la propiedad o de la posesión y disfrute de sus tierras, aguas, pastos y montes a los ejidos o a los núcleos de población que de hecho o por derecho guarden el estado comunal, o a los ejidatarios o comuneros, deberán recabarse de oficio todas aquellas pruebas que puedan beneficiar a las entidades o individuos mencionados y acordarse las diligencias que se estimen necesarias para precisar sus derechos agrarios, así como la naturaleza y efectos de los actos reclamados.

Artículo 76. El órgano jurisdiccional, deberá corregir los errores u omisiones que advierta en la cita de los preceptos constitucionales y legales que se estimen violados, y podrá examinar en su conjunto los conceptos de violación y los agravios, así como los demás razonamientos de las partes, a fin de resolver la cuestión efectivamente planteada, sin cambiar los hechos expuestos en la demanda.

Artículo 77. Los efectos de la concesión del amparo serán: I. Cuando el acto reclamado sea de carácter positivo se restituirá al quejoso en el pleno goce del derecho violado, restableciendo las cosas al estado que guardaban antes de la violación; y II. Cuando el acto reclamado sea de carácter negativo o implique una omisión, obligar a la autoridad responsable a respetar el derecho de que se trate y a cumplir lo que el mismo exija. LEY DE AMPARO, REGLAMENTARIA DE LOS ARTÍCULOS 103 Y 107 DE LA CONSTITUCIÓN POLÍTICA DE LOS ESTADOS UNIDOS MEXICANOS CÁMARA DE DIPUTADOS DEL H. CONGRESO DE LA UNIÓN Secretaría General Secretaría de Servicios Parlamentarios Última Reforma DOF 17-06-2016 27 de 91 En el último considerando de la sentencia que conceda el amparo, el juzgador deberá determinar con precisión los efectos del mismo, especificando las medidas que las autoridades o particulares deban adoptar para asegurar su estricto cumplimiento y la restitución del quejoso en el goce del derecho. En asuntos del orden penal en que se reclame una orden de aprehensión o autos que establezcan providencias precautorias o impongan medidas cautelares restrictivas de la libertad con motivo de delitos que la ley no considere como graves o respecto de los cuales no proceda la prisión preventiva oficiosa conforme la legislación procedimental aplicable, la sentencia que conceda el amparo surtirá efectos inmediatos, sin perjuicio de que pueda ser revocada mediante el recurso de revisión; salvo que se reclame el auto por el que se resuelva la situación jurídica del quejoso en el sentido de sujetarlo a proceso penal, en términos de la legislación procesal aplicable, y el amparo se conceda por vicios formales. Párrafo reformado DOF 17-06-2016 En caso de que el efecto de la sentencia sea la libertad del quejoso, ésta se decretará bajo las medidas de aseguramiento que el órgano jurisdiccional estime necesarias, a fin de que el quejoso no evada la acción de la justicia. En todo caso, la sentencia surtirá sus efectos, cuando se declare ejecutoriada o cause estado por ministerio de ley.

Artículo 78. Cuando el acto reclamado sea una norma general la sentencia deberá determinar si es constitucional, o si debe considerarse inconstitucional. Si se declara la inconstitucionalidad de la norma general impugnada, los efectos se extenderán a todas aquellas normas y actos cuya validez dependa de la propia norma invalidada. Dichos efectos se traducirán en la inaplicación únicamente respecto del quejoso. El órgano jurisdiccional de amparo podrá especificar qué medidas adicionales a la inaplicación deberán adoptarse para restablecer al quejoso en el pleno goce del derecho violado.

Artículo 79. La autoridad que conozca del juicio de amparo deberá suplir la deficiencia de los conceptos de violación o agravios, en los casos siguientes: I. En cualquier materia, cuando el acto reclamado se funde en normas generales que han sido consideradas inconstitucionales por la jurisprudencia de la Suprema Corte de Justicia de la Nación y de los Plenos de Circuito. La jurisprudencia de los Plenos de Circuito sólo obligará a suplir la deficiencia de los conceptos de violación o agravios a los juzgados y tribunales del circuito correspondientes; II. En favor de los menores o incapaces, o en aquellos casos en que se afecte el orden y desarrollo de la familia; III. En materia penal: a) En favor del inculpado o sentenciado; y b) En favor del ofendido o víctima en los casos en que tenga el carácter de quejoso o adherente; IV. En materia agraria: a) En los casos a que se refiere la fracción III del artículo 17 de esta Ley; y LEY DE AMPARO, REGLAMENTARIA DE LOS ARTÍCULOS 103 Y 107 DE LA CONSTITUCIÓN POLÍTICA DE LOS ESTADOS UNIDOS MEXICANOS CÁMARA DE DIPUTADOS DEL H. CONGRESO DE LA UNIÓN Secretaría General Secretaría de Servicios Parlamentarios Última Reforma DOF 17-06-2016 28 de 91 b) En favor de los ejidatarios y comuneros en particular, cuando el acto reclamado afecte sus bienes o derechos agrarios. En estos casos deberá suplirse la deficiencia de la queja y la de exposiciones, comparecencias y alegatos, así como en los recursos que los mismos interpongan con motivo de dichos juicios; V. En materia laboral, en favor del trabajador, con independencia de que la relación entre empleador y empleado esté regulada por el derecho laboral o por el derecho administrativo; VI. En otras materias, cuando se advierta que ha habido en contra del quejoso o del particular recurrente una violación evidente de la ley que lo haya dejado sin defensa por afectar los derechos previstos en el artículo 1o de esta Ley. En este caso la suplencia sólo operará en lo que se refiere a la controversia en el amparo, sin poder afectar situaciones procesales resueltas en el procedimiento en el que se dictó la resolución reclamada; y VII. En cualquier materia, en favor de quienes por sus condiciones de pobreza o marginación se encuentren en clara desventaja social para su defensa en el juicio. En los casos de las fracciones I, II, III, IV, V y VII de este artículo la suplencia se dará aún ante la ausencia de conceptos de violación o agravios. En estos casos solo se expresará en las sentencias cuando la suplencia derive de un beneficio. Párrafo reformado DOF 17-06-2016 La suplencia de la queja por violaciones procesales o formales sólo podrá operar cuando se advierta que en el acto reclamado no existe algún vicio de fondo.

7.- RELATIVIDAD DE LAS SENTENCIAS.

El artículo 73 ordena que las sentencias que se pronuncien en los juicios de Amparo solo se ocuparán de los individuos particulares o de las personas morales, privadas u oficiales que lo hubieren solicitado, limitándose a ampararlas y protegerlas si procediere en el caso especial sobre el que verse la demanda.

El enunciado prevé lo que la doctrina ha denominado principio de estricto derecho y que el maestro Alberto del Castillo del Valle, uno de los más reconocidos tratadistas del Derecho de Amparo, en su obra La Ley de amparo comentada, señala que en él, el juez que conozca analizará la controversia de acuerdo con lo planteado por el quejoso en los conceptos de violación, sin considerar cuestiones no expuestas en el escrito, a pesar de que encuentre una violación constitucional que motive la anulación del acto, pero que no fue alegada.

Destaca nuestro autor y maestro la interrelación de los principios de parte agraviada, estricto derecho y relatividad de las sentencias de amparo y anota que el principio de instancia o iniciativa de parte agraviada exige que el afectado, enderece una demanda en la que conste la acción de amparo. El de estricto derecho, ordena que los jueces se atengan a la litis sin analizar cuestiones diversas y el principio de relatividad de la sentencia prohíbe extender los efectos de la misma a sujetos que no fueron parte en el proceso constitucional.

Remitimos al estimado lector a la consulta de ésta obra, a nuestro juicio la más completa, actualizada y autorizada en el foro nacional, por ser un acucioso estudio artículo por artículo de la Ley de Amparo, en concordancia con la Ley Suprema y textos legales afines, a más de profundizar en sus orígenes históricos.

8.- SUPLENCIA DE LA QUEJA.

Criterio de la Suprema Corte de Justicia de la Nación:

163725. I.3o.C.835 C. Tribunales Colegiados de Circuito. Novena Época. Semanario Judicial de la Federación y su Gaceta. Tomo XXXII, Septiembre de 2010, Pág. 1455.

SUPLENCIA DE LA QUEJA DEFICIENTE (ALCANCE INTERPRETATIVO DEL

ARTÍCULO 76 BIS, FRACCIÓN VI, DE LA LEY DE AMPARO). La tesis de jurisprudencia de rubro: "SUPLENCIA DE LA QUEJA DEFICIENTE. DEBE HACERSE APARTIR DE LOS CONCEPTOS DE VIOLACIÓN O, EN SU CASO, DE LOS AGRAVIOS EXPRESADOS, POR LO TANTO NO ES ILIMITADA.", emitida por la Primera Sala de la Suprema Corte de Justicia de la Nación, en donde se establece que la suplencia de la deficiencia de la queja sólo procede a partir de lo expresado en los conceptos de violación o, en su caso, en los agravios, de manera que sin la existencia de un mínimo razonamiento expresado en la demanda, esto es, sin la elemental causa de pedir, el Tribunal de Control

Constitucional no se encuentra en aptitud de resolver si el acto reclamado es o no violatorio de garantías, debe entenderse en el sentido de que en los casos que el tema verse sobre la inconstitucionalidad de algún precepto, debe contener el concepto o, en su caso, el agravio, un mínimo razonamiento para poder suplir la queja. Sin embargo, cuando se advierta que ha habido en contra del quejoso o del particular recurrente, una violación manifiesta de la ley que lo haya dejado sin defensa, acorde con lo que establece el artículo 76 bis, fracción VI, de la Ley de Amparo, cuya interpretación y alcance fue determinada por el propio Pleno de la Suprema Corte de Justicia de la Nación, al emitir la tesis de jurisprudencia por contradicción, de rubro: " Tomo XXI, abril de 2005, página 686 y Tomo XII, diciembre de 2000, página 22, respectivamente. 177437. I.7o.C.29 K. Tribunales Colegiados de Circuito. Novena Época. Semanario Judicial de la Federación y su Gaceta. Tomo XXII, Agosto de 2005, Pág. 2038SUPLENCIA DE LA DEFICIENCIA DE LA QUEJA EN LAS MATERIAS CIVIL, MERCANTIL Y ADMINISTRATIVA. PROCEDE RESPECTO DE LA FALTA O DEL ILEGAL EMPLAZAMIENTO DEL DEMANDADO AL JUICIO NATURAL.", cuya interpretación no ha sido superada, dado el orden jerárquico de ambos órganos jurisdiccionales, en esos casos es procedente tal suplencia.

SÉPTIMO TRIBUNAL COLEGIADO EN MATERIA CIVIL DEL PRIMER CIRCUITO.

Amparo directo 432/2005. Antonio de Jesús Camacho Serna. 7 de julio de 2005. Unanimidad de votos. Ponente: Julio César Vázquez-Mellado García. Secretaria: Rocío del Carmen Sánchez Benítez.

Nota: Las tesis de jurisprudencia citadas, aparecen publicadas con los números 1a./J. 35/2005 y P./J. 149/2000, en el Semanario Judicial de la Federación y su Gaceta, Novena Época.

SUPLENCIA DE LA QUEJA. SU PROCEDENCIA Y ALCANCE EN RELACIÓN CON

EL PRINCIPIO DE DEFINITIVIDAD. El artículo 107, fracción II, párrafo segundo,

constitucional, reproducidos, a su vez, en los artículos 76 Bis, fracción V y 91, fracción VI, de la Ley de Amparo, han sido interpretados por la Suprema Corte de Justicia de la Nación en el sentido que es deber a cargo de los tribunales federales que conozcan del juicio constitucional y de la instancia revisora, de suplir la deficiencia de los conceptos de violación y de los agravios en las materias y respecto de las categorías de personas que ahí se especifican, uno de cuyos supuestos, contemplado en la fracción V del artículo 76 Bis y en la fracción VI del artículo 91 de la Ley de Amparo, prevé la suplencia de la deficiencia de la queja a favor de los menores o incapacitados, sin que para determinar lo contrario sea relevante el carácter de quienes promuevan la demanda de garantías o el recurso de revisión, ni la naturaleza de los derechos que se estén cuestionando, puesto que la institución de que se trata fue estructurada por el legislador no sólo para proteger los derechos familiares, sino también el bienestar de los menores de edad y de los incapacitados. Bajo esa tesitura, los órganos federales tienen el deber de suplir la deficiencia de los conceptos de violación o de los agravios respectivos, siempre que esté de por medio, directa o indirectamente, el bienestar de un menor de edad o de un incapaz, sin que para ello sea determinante la naturaleza de los derechos familiares que estén en controversia o el carácter de quien o quienes promuevan el juicio de amparo o el recurso de revisión, toda vez que el interés jurídico en las cuestiones que pueden afectar a la familia y principalmente en las concernientes a los menores y a los incapaces, no corresponde exclusivamente a los padres, ya que su voluntad no es suficiente para determinar la situación de los hijos menores; por el contrario, es la sociedad, en su conjunto, la que tiene interés en que la situación de los hijos quede definida para asegurar la protección del interés superior del menor de edad o del incapaz. Esa regla general de suplir la deficiencia de la queja en la demanda y en los agravios constitucionalmente opera en el juicio de amparo, pero no es una institución que exente a la parte quejosa de agotar el principio de definitividad. Ciertamente, aun y cuando se trate de una controversia de orden familiar, es necesario que oportunamente interponga los recursos o medios ordinarios de defensa procedentes de acuerdo a los preceptos legales aplicables, antes de acudir al juicio de amparo, ya que dicha institución opera respecto a violaciones procesales anteriores al dictado de la sentencia definitiva. Entonces, en relación a actos derivados de controversias del estado civil, que pudieran afectar al orden y estabilidad de la familia o a menores o incapaces, solamente opera en vía de amparo directo, resultando necesario que se eleve a la potestad jurisdiccional común la causa de pedir a través del recurso idóneo correspondiente, porque la suplencia de la queja no debe llegar al extremo de aceptar que quien sufra un agravio en un procedimiento en que es parte, no se inconforme aunque sea de manera deficiente.

TERCER TRIBUNAL COLEGIADO EN MATERIA CIVIL DEL PRIMER CIRCUITO.

Amparo directo 237/2010. Graciela de la Luna Pérez. 17 de junio de 2010. Unanimidad de votos. Ponente: Neófito López Ramos. Secretario: Mariano Suárez Reyes.

Nota: Por ejecutoria del 20 de junio de 2012, la Primera Sala declaró

inexistente la contradicción de tesis 117/2012 derivada de la denuncia de la que fue objeto el criterio contenido en esta tesis, al estimarse que no son discrepantes los criterios materia de la denuncia respectiva.

-

Capítulo XI

Principios y garantías en la constitución mexicana.

1.- EL PAPEL DE LOS PRINCIPIOS.

Los principios como mandatos de optimización juegan un rol importante no sólo en el derecho mexicano actual sino en todos los sistemas jurídicos contemporáneos, en razón de que constituyen pautas de actuación para las autoridades y sobre todo por el hecho de que varios de ellos son un haz de posiciones iusfundamentales, es decir, un mecanismo de reivindicación de los derechos fundamentales y todas sus garantías.

Los principios son una fuente fundamental del derecho y, por ende, impactan de manera profunda en los procesos de creación normativa, en los cuales la jurisprudencia no podía ser una excepción. Asimismo, como fuentes que son, son vórtices de donde emana la legislación en sí misma con efectos de irradiación en todo el sistema jurídico.

2.- LOS PRINCIPIOS EN LA CONSTITUCIÓN MEXICANA.

El nuevo texto del artículo primero de la Constitución Política de los Estados Unidos Mexicanos ordena que todas las personas gozarán de los derechos humanos reconocidos en ésta Constitución y en los tratados internacionales así como de las garantías para su protección. Añade que las normas relativas a los derechos humanos se interpretarán de conformidad con ésta Constitución y con los tratados internacionales de la materia favoreciendo en todo tiempo a las personas la protección más amplia.

Del estudio a ése texto constitucional encontramos en su articulado los siguientes principios que podrán reclamarse en el amparo y por ende que deberán abordarse, respetarse, considerarse en las sentencias de amparo; los números que se indican corresponden al artículo de la Constitución Política de los Estados Unidos Mexicanos que los contienen:

Artículo 1. Convencionalidad, irrestricción, no suspensión, amplitud, universalidad, interdependencia, indivisibilidad, progresividad, libertad, discriminación.

Artículo 2. Autonomía y libre determinación de los pueblos indígenas.

Artículo 4. Igualdad de la mujer y el varón ante la ley, derecho a la alimentación, salud, medio ambiente, agua, vivienda, registro de nacimiento, protección de la niñez, cultura y deporte.

Artículo 5. Libertad de trabajo, no proscripción ni destierro.

Artículo 6. Manifestación de las ideas, derecho de réplica, derecho a la información, acceso a la banda ancha, telecomunicaciones e internet.

Artículo 7. Derecho a difundir ideas, opiniones, información y no censura.

Artículo 8. Derecho de petición.

Artículo 9. Derecho de asociación.

Artículo 10. Derecho a poseer armas en el domicilio.

Artículo 11. Derecho de libre tránsito.

Artículo 13. Derecho a no ser juzgado por leyes privativas ni tribunales especiales.

Artículo 14. Irretroactividad de la ley; no ser privado de la libertad, propiedades, derechos; derecho a juicio, a ser juzgado por tribunales previamente establecidos; respeto a las formalidades esenciales del procedimiento y aplicación de leyes expedidas con anterioridad.

Prohibición de aplicar la analogía y mayoría de razón en juicios penales, pena exactamente aplicable al caso, conformidad con la letra de la ley, aplicación de los principios generales del derecho en materia civil.

Artículo 15. No extradición.

Artículo 16. No ser molestado en la persona, familia, domicilio, papeles o posesiones; sin mandamiento, escrito, fundado y motivado.

Protección a los datos personales, acceso, rectificación y cancelación de los mismos.

Artículo 17. Justicia expedita, pronta, completa e imparcial.

Artículo 22. Prohibición de las penas de muerte, mutilación, infamia, marca, azotes, palos, tormento, multa excesiva, confiscación, penas inusitadas, trascendentales y proporcionales.

Artículo 24. Libertad de convicciones; éticas, de conciencia y religiosas.

Artículo 30. Derecho a la nacionalidad.

Artículos 34 y 35. Derecho a la ciudadanía, votar, y ser votado, asociarse políticamente, ser nombrado en un empleo, cargo o comisión del servicio público e iniciar leyes.

Artículo 123. Derecho a un trabajo digno, socialmente útil, descanso, salario mínimo, utilidades, aguinaldo, vacaciones.

Artículo 133. Supremacía constitucional.

Artículo 136. Fuerza, vigor y observancia de la Constitución Política.

Capítulo XII

Las sentencias en el procedimiento civil

1.- CÓDIGO DE PROCEDIMIENTOS CIVILES DE LA CIUDAD DE MÉXICO.

En este apartado seguiremos al Código de Procedimientos del Distrito Federal; ahora ciudad de México y entidad federativa, por reforma al artículo 122 de la ley fundamental, ya que aquél ha servido de modelo a la mayoría de los Códigos de Procedimientos Civiles de los estados de la República. Así, el artículo 79 distingue las resoluciones y son:

- Simples determinaciones de trámite y entonces se llamarán decretos;
- Determinaciones que se ejecuten provisionalmente y que se llaman autos provisionales;
- Decisiones que tienen fuerza de definitivas y que impiden o paralizan definitivamente la prosecución del juicio, y se llaman autos definitivos;
- Resoluciones que preparan el conocimiento y decisión de los negocios ordenando, admitiendo o desechando pruebas, y se llaman autos preparatorios;
- Decisiones que resuelven un incidente promovido antes o después de dictada la sentencia, que son las sentencias interlocutorias.

-Sentencias definitivas.

2.- CLARIDAD DE LAS SENTENCIAS.

El artículo 81 de ese ordenamiento contiene los requisitos que deben satisfacer todo tipo de resoluciones, sean decretos, autos provisionales, definitivos o preparatorios o sentencias interlocutorias.

Deberán ser claras, precisas y congruentes con las promociones de las partes, resolviendo sobre todo lo que éstas hayan pedido.

Agrega que cuando el tribunal sea omiso en resolver todas las peticiones planteadas por el promovente, de oficio o a simple instancia verbal del interesado, deberá dar nueva cuenta y resolver las cuestiones omitidas dentro del día siguiente.

Subraya que las sentencias definitivas también deben ser claras, precisas y congruentes con las demandas y las contestaciones y con las demás pretensiones deducidas oportunamente den el pleito, condenando o absolviendo al demandado, y decidiendo todos los puntos litigiosos que hayan sido objeto del debate. Cuando estos hubieren sido varios, se hará el pronunciamiento correspondiente a cada uno de ellos.

Previene el artículo 83 que los jueces y tribunales no podrán, bajo ningún pretexto, aplazar, dilatar, ni negar la resolución de las cuestiones que hayan sido discutidas en el pleito.

3.-UNA VEZ FIRMADAS NO DEBEN MODIFICARSE.

Asimismo, en el artículo 84 se advierte que tampoco podrán los jueces y tribunales variar ni modificar sus sentencias o autos después de firmados; permite en cambio aclarar algún concepto o suplir cualquier omisión que las primeras contengan sobre punto discutido en el litigio, o los segundos cuando sean obscuros o imprecisos sin alterar su esencia.

Como requisitos de forma en el artículo 86 se relacionan aquellos y deben contener lugar, fecha, juez o tribunal que la pronuncie, nombre de las parte contendientes y el carácter con que litiguen y el objeto del pleito.

Los artículos 91 y 92 determinan que toda sentencia tiene a su favor la presunción de haberse pronunciado según la forma prescrita por el derecho, con conocimiento de causa por juez legítimo con jurisdicción para darla; y que la sentencia firme produce acción y excepción contra los que litigaron y contra terceros llamados legalmente al juicio.

El artículo 93 permite que el tercero pueda excepcionarse contra la sentencia firme, pero no contra la que recayó en juicio de estado civil, a menos que alegue colusión de los litigantes para perjudicarlo.

4.- COSA JUZGADA.

El artículo 426 del Código de Procedimientos Civiles apunta que hay cosa juzgada cuando la sentencia causa ejecutoria y que causan ejecutoria por ministerio de ley:

- Las sentencias pronunciadas en juicios que versen sobre la propiedad y demás derechos reales que tengan un valor hasta de sesenta mil pesos.
- Las sentencias de segunda instancia.
- Las que resuelven una queja.
- Las que dirimen o resuelven una competencia.
- Las demás que se declaran irrevocables por prevención expresa de la ley.
- Las sentencias que no pueden ser recurridas por ningún medio ordinario o extraordinario.

Causan ejecutoria por declaración judicial, establece el artículo 427:

- Las sentencias consentidas expresamente por las partes o por sus mandatarios con poder o cláusula especial.
- Las sentencias de que hecha notificación en forma no se interpone recurso en el término señalado por la ley.
- Las sentencias de que se interpuso recurso, pero no se continuo en forma y términos legales o se desistió de él la parte o su mandatario.
- El artículo 429 determina que el auto en que se declara que una sentencia ha causado o no ejecutoria, no admite más recurso que el de responsabilidad.

5.- PRESUNCIÓN DE COSA JUZGADA.

La presunción de la cosa juzgada está contenida en el artículo 422, y para que surta efecto en otro juicio, se requiere que entre el caso resuelto por la sentencia y aquél en que ésta sea invocada, haya identidad en las cosas, las causas, las personas de los litigantes y la calidad con que lo fueron.

En las cuestiones relativas al estado civil de las personas y a las de validez o nulidad de las disposiciones testamentarias, la presunción de cosa juzgada es eficaz contra terceros aunque no hubiere litigado.

Se entiende que hay identidad de personas siempre que los litigantes del segundo pleito sean causahabientes de los que contendieron en el pleito anterior o estén unidos a ellos por solidaridad o indivisibilidad de las prestaciones entre los que tienen derecho a exigirlas u obligación de satisfacerlas.

6.- DE LA EJECUCIÓN DE SENTENCIA.

El artículo 500 del Código de Procedimientos Civiles que hemos venido comentando subraya que procede la vía de apremio a instancia de parte, siempre que se trate de la ejecución de una sentencia o de un convenio celebrado en el juicio, ya sea por las partes o por terceros que hayan venido al juicio por cualquier motivo que sea.

7.- MODALIDADES Y ESPECIES DE SENTENCIA CONTENIDAS EN EL CÓDIGO.

Artículo 22. Sentencia, se aplica al tercero obligado.

Artículo 78. Resolución de incidentes, antes de las sentencias.

Artículos 79, 81, 82. Sentencias en general.

Artículo 81. Congruencia de la sentencia.

Artículo 84. Aclaración o modificación de la sentencia.

Artículo 85. Condiciones formales de la sentencia.

Artículo 86. Condiciones formales de la sentencia

Artículo 87. Término para pronunciar las sentencias.

Artículo 89. Término para dictar las sentencias.

Artículo 91. Presunción de legalidad de la sentencia.

Artículo 92. La sentencia firme produce acción y excepción.

Artículo 92. Las sentencias producen acción y excepción.

Artículo 93. Sentencia contra excepciones de terceros.

Artículo 94. Modificación de la sentencia.

Artículo 191. Procede la recusación en la sentencia.

Artículo 261. Deben resolverse la reconvención y excepciones en la sentencia.

Artículo 355. Sentencia, incluirá el reconocimiento o la inspección.

Artículo 386. Reserva de derechos de las partes en la sentencia.

Artículo 426. Sentencia ejecutoria.

Artículo 427. Consentimiento en la sentencia.

Artículo 444. Sentencia y vía de apremio.

Artículo 461. Sentencia en vía ejecutiva.

Artículo 486. Sentencia de remate en el juicio hipotecario

Artículo 487. Sentencia, revocación en el juicio hipotecario.

Artículo 500. Ejecución de sentencias derivadas de convenios.

Artículos 500, 501. Ejecución de sentencia.

Artículo 503. Sentencia de segunda instancia.

Artículo 504. Sentencias arbitrales.

Artículo 506. Término para cumplir la sentencia.

Artículo 509. Embargo por incumplimiento de la sentencia.

Artículos 517, 699. Ejecución de sentencia de hacer.

Artículo 523. Ejecución de división de cosas en la sentencia.

Artículos 525, 699. Obligación de no hacer en la sentencia.

Artículo 527. Irrecurribilidad de la sentencia en la ejecución.

Artículo 529. Acción de ejecución de la sentencia.

Artículos 531, 533, 537. Ejecución y excepciones de la sentencia.

Artículos 562. Incidente de ejecución de sentencia.

Artículo 599. Sentencias de otros estados.

Artículos 599, 604, 605, 606. Sentencias extranjeras.

Artículo 602. Requisitos de la ejecución de la sentencia.

Artículo 632. Aclaración de sentencia.

Artículo 639. Puntos que contendrá la sentencia.

Artículo 644. Sentencia, cuando se emplazó por edictos.

Artículo 650. Notificación personal de la sentencia.

Artículo 676. Sentencia de divorcio.

Artículo 682. Inscripción de la sentencia de divorcio.

Artículo 683. No puede revocar el juez sus sentencias.

Artículo 712. Citación para sentencia de segunda instancia.

Artículo 720. Sentencia en la apelación extraordinaria.

Artículo 729. Recurso de responsabilidad en la sentencia.

Artículo 737. No altera el juicio la sentencia de responsabilidad.

Artículo 850. Reglas de ejecución de la sentencia.

Capítulo XIII

Las sentencias en la ley agraria

1.- VERDAD SABIDA.

El capítulo de las sentencias en la Ley Agraria, es quizá de los más escuetos de la legislación positiva, pues su contenido queda reducido en el artículo 189 que lacónicamente dispone: "Las sentencias de los Tribunales agrarios se dictarán a verdad sabida sin necesidad de sujetarse a reglas sobre estimación de las pruebas, sino apreciando los hechos y los documentos según los tribunales lo estimaren debido en conciencia, fundando y motivando sus resoluciones".

En cuanto a la ejecución de las mismas, el artículo 191 obliga a los Tribunales agrarios a proveer a la eficaz e inmediata ejecución de sus sentencias y a este efecto podrán dictar todas las medidas necesarias, incluidas las de apremio, en la forma y términos que, a su juicio, fueren procedentes sin contravenir las reglas siguientes:

2.- EJECUCIÓN.

- Si al pronunciarse la sentencias estuvieren presentes ambas partes, el Tribunal las interrogará acerca de la forma que cada una proponga para la ejecución y procurará que lleguen a un avenimiento a ese respecto; y
- El vencido en juicio podrá proponer fianza de persona arraigada en el lugar o de institución autorizada para garantizar la obligación que se le impone, y el Tribunal, con audiencia de la parte que obtuvo, calificará la fianza o garantía según su arbitrio, y si la aceptare podrá conceder un término hasta de quince días para el cumplimiento y a un mayor tiempo si

el que la obtuvo estuviera conforme con ella. Si transcurrido el plazo no hubiere cumplido, se hará efectiva la fianza o garantía correspondiente.

3.- BUENA FE GUARDADA.

El principio de verdad sabida a que se refiere éste capítulo, también lo encierra como se verá la Ley Federal del Trabajo, y aquélla lo complementa aduciendo que las resoluciones laborales, serán a verdad sabida y buena fe guardada. La verdad sabida y buena fe guardada, son principios de derecho, que deben interpretarse como "El conocimiento que se tiene de los hechos tanto de sus causas como sus consecuencias, sin la posibilidad de alegar ignorancia posteriormente, excepto por razón de engaño y quiere decir además que la sentencia o laudo se debe fallar conforme a la equidad".

Capítulo XIV

Las sentencias en el código de comercio

1.- DEFINITIVAS E INTERLOCUTORIAS.

Por lo que toca a las sentencias en materia mercantil, son reguladas de los artículos 1321 a 1333.

El 1321 establece que las sentencias son definitivas o interlocutorias; y el artículo 1322 señala que la sentencia definitiva es la que decide el negocio principal; en tanto que el 1323 se refiere a la sentencia interlocutoria, precisando que es la que decide un incidente, un artículo sobre excepciones dilatorias o una competencia.

En el artículo 1324 se ordena que toda sentencia debe ser fundada en ley, y si ni por el sentido natural, ni por el espíritu de ésta, se puede decidir la controversia, se atenderá a los principios generales de derecho, tomando en consideración todas las circunstancias del caso.

2.- DEBERÁ ABSOLVER O CONDENAR.

Conmina asimismo al juzgador a observar el principio universal conforme el cual la sentencia debe ser clara, y al establecer el derecho, deberá absolver o condenar y en el 1326 se subraya que cuando el actor no probare su acción, será absuelto el demandado.

El artículo 1327 también contiene la exigencia constitucional de que la sentencia se ocupará exclusivamente de las acciones deducidas y de las excepciones opuestas respectivamente en la demanda y en la contestación y el 1328 remarca que no podrán, bajo ningún pretexto, los jueces ni los tribunales, aplazar, dilatar, omitir ni negar la resolución de las cuestiones que hayan sido discutidas en el pleito y cuando hayan sido varios los puntos litigiosos, se hará con la debida separación la declaración correspondiente a cada uno de ellos, al tenor del artículo 1329.

Asimismo se contempla la aclaración de sentencia que solo procede respecto de las sentencias definitivas, según la letra del artículo 1331 sin que pueda variarse la sustancia de la misma, al amparo del artículo 1332 y el artículo 1333 previene que la interposición del recurso de aclaración, interrumpe el término señalado para la apelación.

Capítulo XV

Los laudos en materia laboral

1.- JUICIO ARBITRAL Y LAUDOS.

El artículo 609 del Código de Procedimientos Civiles del extinto Distrito Federal, acepta que las partes tienen el derecho de sujetar sus diferencias al juicio arbitral y el artículo 612 nos dice que todo el que esté en pleno ejercicio de sus derechos civiles puede comprometer en árbitros sus negocios. Asimismo el artículo 619 previene que las partes y los árbitros seguirán en el procedimiento los plazos de las formas establecidas para los tribunales y el artículo 625 puntualiza que el laudo será firmado por cada uno de los árbitros, y, en caso de haber más de dos, si la minoría rehusare hacerlo, los otros lo harán constar y la sentencia tendrá el mismo efecto que si hubiera sido firmado por todos.

Este es el origen de los laudos y las entidades que resuelven en materia laboral son eminentemente arbitrales tan es así que en su nombre lleva el contenido de su materia y de sus funciones de las desaparecidas Juntas Locales o Federales de Conciliación y Arbitraje (ahora juzgados laborales) según el negocio de que se trate será la competencia de la Junta Local o de la Federal. Independientemente de la denominación del laudo, son aplicables los principios generales de la sentencia, lo relativo a los laudos está previsto en el artículo 837 y siguientes de la Ley Federal del Trabajo que aquí se transcriben:

2.- RESOLUCIONES LABORALES

Artículo 837.- Las resoluciones de los tribunales laborales son:

I. Acuerdos: si se refieren a simples determinaciones de trámite o cuando decidan cualquier cuestión dentro del negocio;

II. Autos incidentales o resoluciones interlocutorias: cuando resuelvan dentro o fuera de juicio un incidente; y

III. Sentencias: cuando decidan sobre el fondo del conflicto.

Artículo 838.- El Tribunal dictará sus resoluciones en el acto en que concluya la diligencia respectiva o dentro de las cuarenta y ocho horas siguientes a aquellas en la que reciba promociones por escrito, salvo disposición en contrario de esta Ley.

Artículo 839. Las resoluciones que así lo ameriten de los Tribunales deberán ser firmadas por el juez o por el secretario instructor, según corresponda, el día en que se emitan.

Artículo 840.- La sentencia contendrá:

I. Lugar, fecha y Tribunal que lo pronuncie;

II. Nombres y domicilios de las partes y de sus representantes;

III. Extracto de la demanda y su contestación a la misma, que deberá contener con claridad y concisión las peticiones de las partes y los hechos controvertidos;

IV. Enumeración de las pruebas admitidas y desahogadas y su apreciación en conciencia señalando los hechos que deban considerarse probados;

V. Extracto de los alegatos;

VI. Las razones legales o de equidad, la jurisprudencia y doctrina que les sirva de fundamento, y

VII. Los puntos resolutivos.

Artículo 841. Las sentencias se dictarán a verdad sabida y buena fe guardada, y apreciando los hechos en conciencia, sin necesidad de sujetarse a reglas o formulismos sobre estimación de las pruebas, pero los Tribunales están obligados a estudiar pormenorizadamente las rendidas, haciendo la valoración de las mismas.

Asimismo, expresarán los motivos y fundamentos legales en que se apoyan.

Artículo 842.- Las sentencias deben ser claras, precisas y congruentes con la demanda, contestación, y demás pretensiones deducidas en el juicio oportunamente.

Artículo 843.- En las sentencias, cuando se trate de prestaciones económica, se determinará el salario que sirva de base a la condena; cuantificándole el importe de la prestación, se señalarán las medidas con arreglo a las cuales deberá cumplirse con la resolución. Sólo por excepción, podrá ordenarse que se abra incidente de liquidación.

Artículo 844.- Cuando la condena sea de cantidad líquida, se establecerán en la propia sentencia, sin necesidad de incidente, las bases con arreglo a las cuales deberá cumplimentarse.

Artículo 845.- Derogado.

Artículo 846.- Derogado.

Artículo 847.- Una vez notificada la sentencia, cualquiera de las partes, dentro del término de tres días, podrás solicitar al Tribunal la aclaración de la resolución, para corregir errores o precisar algún punto. El Tribunal, dentro del mismo plazo resolverá, pero por ningún motivo podrá variarse el sentido de la resolución. El error de mención de fecha, nombre, denominación o de cálculo podrá aclararse de oficio.

Artículo 848.- Los Tribunales no pueden revocar sus propias resoluciones, salvo aquellas que se combatan a través del Recurso de Reconsideración que contempla esta Ley.

Las partes pueden exigir la responsabilidad en que incurran los miembros de los Tribunales.

Capítulo XVI

Las sentencias en la ley federal del procedimiento administrativo

1.- LA ADMINISTRACIÓN PÚBLICA.

Dispone el artículo 90 de la Constitución General de la República que la Administración Pública Federal, será centralizada y paraestatal, conforme a la Ley Orgánica que expide el Congreso, que distribuirá los negocios del orden administrativo de la federación que estarán a cargo de las Secretarias de Estado y definirá las bases generales de creación de las entidades paraestatales y la intervención del Ejecutivo Federal en su operación.

La ley determinará las relaciones entre las entidades paraestatales y el Ejecutivo federal, o entre éstas y las Secretarías de Estado.

Por su parte, el artículo 16 de la Ley Orgánica de la Administración Pública Federal, determina que corresponde originalmente a los titulares de las secretarias de estado, el trámite y resolución de los asuntos de su competencia.

Exige el artículo 8 de la Carta Magna, que los funcionarios y empleados públicos respetarán el ejercicio del derecho de petición, siempre que ésta se formule por escrito, de manera pacífica y respetuosa; pero en materia política, solo podrán hacer uso de ése derecho los ciudadanos de la república.

Agrega que a toda petición deberá recaer un acuerdo escrito de la autoridad a quien se haya dirigido, la cual tiene obligación de hacerlo conocer en breve término al peticionario.

No cabe duda que el precepto se refiere especialmente al ámbito administrativo, toda vez que la esfera jurisdiccional tiene su propia codificación.

2.- RECURSOS ADMINISTRATIVOS.

Antiguamente para el peticionario era un vía crucis, en virtud de que las dependencias del ejecutivo emitían sus resoluciones pero en ningún lado se estipulaba recurso alguno o si lo había no se encontraba debidamente reglamentado. Si se considera el número de secretarias de estado, era un caos en cuanto a denominación, términos, sustanciación y resolución de tales recursos.

Fue hasta el primero de junio de 1995, en que entró en vigor la Ley Federal del Procedimiento Administrativo, cuando se esclareció el panorama de los justiciables por cuanto a su defensa ante los entes administrativos.

El artículo primero de dicha ley, previene que sus disposiciones son de orden e interés públicos y se aplicarán a los actos, procedimientos y resoluciones de la administración pública federal centralizada, sin perjuicio de lo dispuesto en los tratados internacionales de los que México sea parte.

Añade que el ordenamiento también se aplicará a los organismos descentralizados de la Administración Pública Federal Paraestatal, respecto a sus actos de autoridad, a los servicios que el Estado preste de manera exclusiva y a los contratos que los particulares solo puedan celebrar con el mismo.

Este ordenamiento no será aplicable a las materias de carácter fiscal, responsabilidades de los servidores públicos, justicia agraria y laboral, ni al Ministerio Público en ejercicio de sus funciones constitucionales. En relación con las materias de competencia económica, prácticas desleales de comercio internacional y financiera, únicamente le será aplicable el Titulo Tercero A.

Para los efectos de ésta ley solo queda excluida la materia fiscal tratándose de las contribuciones y los accesorios que deriven directamente de aquella.

3. PROCEDIMIENTO ADMINISTRATIVO.

Esta última parte precisa la distinción entre el procedimiento administrativo, que se tramita ante las propias dependencias federales; y el procedimiento contencioso administrativo que necesariamente se seguirá ante el Tribunal Federal de Justicia Fiscal y Administrativa, de cuyas sentencias hablaremos en el siguiente apartado.

Previene el artículo 83 de la ley que hemos venido abordando, que los interesados afectados por los actos y resoluciones de las autoridades administrativas, que pongan fin al procedimiento administrativo, a una instancia o resuelvan un expediente, podrán interponer el recurso de revisión o, cuando proceda, intentar la vía jurisdiccional que corresponda.

La conjunción "o", de la parte final, deja al interesado en aptitud de interponer el recurso de revisión ante la propia autoridad, o bien intentar otra vía jurisdiccional que puede ser el juicio de amparo o el juicio de nulidad ante el Tribunal Fiscal.

Finalmente y por lo que concierne a la sentencia que es el tema que nos ocupa, el artículo 57 de la Ley Federal del Procedimiento Administrativo delimita: Ponen fin al procedimiento administrativo:

4. RESOLUCIONES QUE PONEN FIN.

I. La resolución del mismo...

Y el artículo 59 lacónicamente expresa que la resolución que ponga fin al procedimiento administrativo decidirá todas las cuestiones planteadas por los interesados y de oficio las derivadas del mismo; en su caso, el órgano administrativo competente podrá decidir sobre las mismas poniéndolo previamente en conocimiento de los interesados, por un plazo no superior de diez días, para que manifiesten lo que a su derecho convenga y aporten las pruebas que estimen convenientes.

En los procedimientos tramitados a solicitud del interesado, la resolución será congruente con las peticiones formuladas por éste, sin perjuicio de la potestad de la administración pública federal de iniciar de oficio un nuevo procedimiento.

Capítulo XVII
Procedimiento contencioso administrativo

1. MATERIA FISCAL.

De la literalidad del artículo 2 de la Ley Federal del Procedimiento Contencioso Administrativo, el juicio contencioso administrativo federal procede contra las resoluciones administrativas, definitivas que establece la Ley Orgánica del Tribunal Federal de Justicia Fiscal y Administrativa.

El artículo 49 de ese ordenamiento trata de la sentencia; de la más superficial lectura se encontrará que contrariamente a las demás leyes, ésta amplía más lo referente a la institución que analizamos.

Dispone el artículo 49, que la sentencia se pronunciará por unanimidad o mayoría de votos de los magistrados integrantes de la sala, dentro de los cuarenta y cinco días siguientes a aquel en que haya quedado cerrada la instrucción en el juicio. Para éste efecto, el magistrado instructor formulará el proyecto respectivo dentro de los treinta días siguientes al cierre de la instrucción. Para dictar resolución en los casos de sobreseimiento, por alguna de las causas previstas en el artículo 9 de ésta Ley, no será necesario que se hubiese cerrado la instrucción y que el plazo para el magistrado ponente del pleno o de la sección formule su proyecto, empezará a correr a partir de que tenga en su poder el expediente integrado.

Previene asimismo éste dispositivo que cuando la mayoría de los magistrados estén de acuerdo con el proyecto, el magistrado disidente podrá limitarse a expresar que vota total o parcialmente en contra del proyecto o formular voto particular razonado, el que deberá presentar en un plazo que no exceda de diez días; y que si el proyecto no fue aceptado por los otros magistrados del pleno, sección o salas, el magistrado ponente o instructor engrosará el fallo con los argumentos de la mayoría y el proyecto podrá quedar como voto particular.

Se puntualiza en este capítulo específicamente en el numeral 50 que las sentencias del Tribunal se fundarán en derecho y resolverán sobre la pretensión del actor que se deduzca de su demanda, en relación con una resolución impugnada, teniendo la facultad de invocar hechos notorios; que cuando se hagan valer diversas causales de ilegalidad, la sentencia de la Sala deberá examinar primero aquellos que puedan llevar a declarar la nulidad lisa y llana y en el caso de que la sentencia declare la nulidad de una resolución por la omisión de los requisitos formales exigidos por las leyes, o por vicios de procedimiento, la misma deberá señalar en que forma afectaron las defensas del particular y trascendieron al sentido de la resolución.

2. CORRECCIÓN DE ERRORES.

Agrega , que las salas podrán corregir los errores que adviertan en la cita de los preceptos que se consideren violados y examinar en su conjunto los agravios y causales de ilegalidad, así como los demás razonamientos de las partes, a fin de resolver la cuestión efectivamente planteada, pero sin cambiar los hechos expuesto en la demanda y en la contestación y que tratándose de las sentencias que resuelvan sobre la legalidad de la resolución dictada en un recurso administrativo, si se cuenta con elementos suficientes para ello, el Tribunal se pronunciará sobre la legalidad de la resolución recurrida, en la parte que no satisfizo el interés jurídico del demandante y que no se podrán anular o modificar los actos de las autoridades administrativas no impugnados de manera expresa.

En el mismo precepto se asienta que en el caso de las sentencias en que se condene a la autoridad a la restitución de un derecho subjetivo violado o a la devolución de una cantidad, el Tribunal deberá previamente constatar el derecho que tiene el particular además de la ilegalidad de la resolución impugnada; hecha excepción de lo dispuesto en la fracción XIII, apartado B, del artículo 123 Constitucional, respecto de los agentes del ministerio público, los peritos y los miembros de las instituciones policiales de la federación que hubiesen promovido el juicio o medio de defensa en el que la autoridad jurisdiccional resuelva que la separación, remoción, baja, cese, destitución o cualquier otra forma, de terminación del servicio fue injustificada; casos en los que la autoridad demandada solo estará obligada a pagar la indemnización y demás prestaciones a que tengan derecho, sin que en ningún caso proceda la incorporación al servicio.

3. REGULACIÓN DE LAS SENTENCIAS.

Regulan todos los demás aspectos de las sentencias los siguientes artículos de la citada Ley del Procedimiento Contencioso Administrativo:

Artículo 50.- A Las sentencias que dicte el Tribunal Federal de Justicia Fiscal y Administrativa con motivo de las demandas que prevé la Ley Federal de Responsabilidad Patrimonial del Estado, deberán contener como elementos mínimos los siguientes:

I. el relativo a la existencia de la relación de causalidad entre la actividad administrativa y la lesión producida y la valoración del daño o perjuicio causado.

II. determinar el monto de la indemnización, explicando los criterios utilizados para su cuantificación, y;

I. En los casos de concurrencia previstos en el Capítulo IV de la Ley Federal de Responsabilidad Patrimonial del Estado, se deberán razonar los criterios de impugnación y la graduación correspondiente para su aplicación a cada particular.

Artículo 51.- Se declarará que una resolución administrativa es ilegal cuando se demuestre alguna de las siguientes causales:

I. Incompetencia del funcionario que la haya dictado, ordenado o tramitado el procedimiento del que deriva dicha resolución.

II. Omisión de los requisitos formales exigidos por las leyes, siempre que afecte las defensas del particular y trascienda al sentido de la resolución impugnada, inclusive la ausencia de fundamentación o motivación, en su caso.

III. Vicios del procedimiento siempre que afecten las defensas del particular y trasciendan al sentido de la resolución impugnada.

IV. Si los hechos que la motivaron no se realizaron, fueron distintos o se apreciaron en forma equivocada, o bien si se dictó en contravención de las disposiciones aplicadas o dejó de aplicar las debidas, en cuanto al fondo del asunto.

V. Cuando la resolución administrativa dictada en ejercicio de facultades discrecionales no corresponda a los fines para los cuales la ley confiera dichas facultades.

Para los efectos de lo dispuesto por las fracciones II y III del presente artículo, se considera que no afectan las defensas del particular ni trascienden al sentido de la resolución impugnada, entre otros, los vicios siguientes:

a) Cuando en un citatorio no se haga mención que es para recibir una orden de visita domiciliaria, siempre que ésta se inicie con el destinatario de la orden.

b) Cuando en un citatorio no se haga constar en forma circunstanciada la forma en que el notificador se cercioró que se encontraba en el domicilio correcto, siempre que la diligencia se haya efectuado en el domicilio indicado en el documento que deba notificarse.

c) Cuando en la entrega del citatorio se hayan cometido vicios de procedimiento, siempre que la diligencia prevista en dicho citatorio se haya entendido directamente con el interesado o con su representante legal.

d) Cuando existan irregularidades en los citatorios, en las notificaciones de requerimientos de solicitudes de datos, informes o documentos, o en los propios requerimientos, siempre y cuando el particular desahogue los mismos, exhibiendo oportunamente la información y documentación solicitadas.

e) Cuando no se dé a conocer al contribuyente visitado el resultado de una compulsa a terceros, si la resolución impugnada no se sustenta en dichos resultados.

f) Cuando no se valore alguna prueba para acreditar los hechos asentados en el oficio de observaciones o en la última acta parcial, siempre que dicha prueba no sea idónea para dichos efectos.

El Tribunal podrá hacer valer de oficio, por ser de orden público, la incompetencia de la autoridad para dictar la resolución impugnada o para ordenar o tramitar el procedimiento del que derive y la ausencia total de fundamentación o motivación en dicha resolución.

Cuando resulte fundada la incompetencia de la autoridad y además existan agravios encaminados a controvertir el fondo del asunto, el Tribunal deberá analizarlos y si alguno de ellos resulta fundado, con base en el principio de mayor beneficio, procederá a resolver el fondo de la cuestión efectivamente planteada por el actor.

Los órganos arbitrales y de otra naturaleza, derivados de mecanismos alternativos de solución de controversias en materia de prácticas desleales, contenidos en tratados y convenios internacionales de los que México sea parte, no podrán revisar de oficio las causales a que se refiere este artículo.

Artículo 52.- La sentencia definitiva podrá:

I. Reconocer la validez de la resolución impugnada.

II. Declarar la nulidad de la resolución impugnada.

III. (Se deroga)

IV. Siempre que se esté en alguno de los supuestos previstos en las fracciones II y III, del artículo 51 de esta Ley, el Tribunal declarará la nulidad para el efecto de que se reponga el procedimiento o se emita nueva resolución; en los demás casos, cuando corresponda a la pretensión deducida, también podrá indicar los términos conforme a los cuales deberá dictar su resolución la autoridad administrativa.

En los casos en que la sentencia implique una modificación a la cuantía de la resolución administrativa impugnada, la Sala Regional competente deberá precisar, el monto, el alcance y los términos de la misma para su cumplimiento.

Tratándose de sanciones, cuando dicho Tribunal aprecie que la sanción es excesiva porque no se motivó adecuadamente o no se dieron los hechos agravantes de la sanción, deberá reducir el importe de la sanción apreciando libremente las circunstancias que dieron lugar a la misma.

V. Declarar la nulidad de la resolución impugnada y además:

a) Reconocer al actor la existencia de un derecho subjetivo y condenar al cumplimiento de la obligación correlativa.

b) Otorgar o restituir al actor en el goce de los derechos afectados.

c) Declarar la nulidad del acto o resolución administrativa de carácter general, caso en que cesarán los efectos de los actos de ejecución que afectan al demandante, inclusive el primer acto de aplicación que hubiese impugnado. La declaración de nulidad no tendrá otros efectos para el demandante, salvo lo previsto por las leyes de la materia de que se trate.

d) Reconocer la existencia de un derecho subjetivo y condenar al ente público federal al pago de una indemnización por los daños y perjuicios causados por sus servidores públicos.

Si la sentencia obliga a la autoridad a realizar un determinado acto o iniciar un procedimiento, conforme a lo dispuesto en la fracción IV, deberá cumplirse en un plazo de cuatro meses tratándose del Juicio Ordinario o un mes tratándose del Juicio Sumario de conformidad con lo previsto en el artículo 58-14 de la presente Ley, contados a partir de que la sentencia quede firme.

Dentro del mismo término deberá emitir la resolución definitiva, aun cuando, tratándose de asuntos fiscales, hayan transcurrido los plazos señalados en los artículos 46-A y 67 del Código Fiscal de la Federación.

Si el cumplimiento de la sentencia entraña el ejercicio o el goce de un derecho por parte del demandante, transcurrido el plazo señalado en el párrafo anterior sin que la autoridad hubiere cumplido con la sentencia, el beneficiario del fallo tendrá derecho a una indemnización que la Sala que haya conocido del asunto determinará, atendiendo el tiempo transcurrido hasta el total cumplimiento del fallo y los perjuicios que la omisión hubiere ocasionado, sin menoscabo de lo establecido en el artículo 58 de esta Ley. El ejercicio de dicho derecho se tramitará vía incidental.

Cuando para el cumplimiento de la sentencia, sea necesario solicitar información o realizar algún acto de la autoridad administrativa en el extranjero, se suspenderá el plazo a que se refiere el párrafo anterior, entre el momento en que se pida la información o en que se solicite realizar el acto correspondiente y la fecha en que se proporcione dicha información o se realice el acto.

Transcurridos los plazos establecidos en este precepto, sin que se haya dictado la resolución definitiva, precluirá el derecho de la autoridad para emitirla salvo en los casos en que el particular, con motivo de la sentencia, tenga derecho a una resolución definitiva que le confiera una prestación, le reconozca un derecho o le abra la posibilidad de obtenerlo.

En el caso de que se interponga recurso, se suspenderá el efecto de la sentencia hasta que se dicte la resolución que ponga fin a la controversia.

La sentencia se pronunciará sobre la indemnización o pago de costas, solicitados por las partes, cuando se adecue a los supuestos del artículo 6o. de esta Ley.

Artículo 53.- La sentencia definitiva queda firme cuando:

I. No admita en su contra recurso o juicio.

II. Admitiendo recurso o juicio, no fuere impugnada, o cuando, habiéndolo sido, el recurso o juicio de que se trate haya sido desechado o sobreseído o hubiere resultado infundado, y

III. Sea consentida expresamente por las partes o sus representantes legítimos.

A partir de que quede firme una sentencia y cause ejecutoria, correrán los plazos para el cumplimiento de las sentencias, previstos en los artículos 52 y 58-14 de esta Ley.

Artículo 54.- La parte que estime contradictoria, ambigua u obscura una sentencia definitiva del Tribunal, podrá promover por una sola vez su aclaración dentro de los diez días siguientes a aquél en que surta efectos su notificación.

La instancia deberá señalar la parte de la sentencia cuya aclaración se solicita e interponerse ante la Sala o Sección que dictó la sentencia, la que deberá resolver en un plazo de cinco días siguientes a la fecha en que fue interpuesto, sin que pueda variar la sustancia de la sentencia. La aclaración no admite recurso alguno y se reputará parte de la sentencia recurrida y su interposición interrumpe el término para su impugnación.

Artículo 55.- Las partes podrán formular excitativa de justicia ante el Presidente del Tribunal, si el magistrado responsable no formula el proyecto respectivo dentro del plazo señalado en esta Ley.

Artículo 56.- Recibida la excitativa de justicia, el Presidente del Tribunal, solicitará informe al magistrado responsable que corresponda, quien deberá rendirlo en el plazo de cinco días. El Presidente dará cuenta al Pleno y si éste encuentra fundada la excitativa, otorgará un plazo que no excederá de quince días para que el magistrado formule el proyecto respectivo. Si el mismo no cumpliere con dicha obligación, será sustituido en los términos de la Ley Orgánica del Tribunal Federal de Justicia Fiscal y Administrativa.

En el supuesto de que la excitativa se promueva por no haberse dictado sentencia, a pesar de existir el proyecto del magistrado responsable, el informe a que se refiere el párrafo anterior, se pedirá al Presidente de la Sala o Sección respectiva, para que lo rinda en el plazo de tres días, y en el caso de que el Pleno considere fundada la excitativa, concederá un plazo de diez días a la Sala o Sección para que dicte la sentencia y si ésta no lo hace, se podrá sustituir a los magistrados renuentes o cambiar de Sección.

Cuando un magistrado, en dos ocasiones hubiere sido sustituido conforme a este precepto, el Presidente del Tribunal podrá poner el hecho en conocimiento del Presidente de la República.

Capítulo XVIII

Del cumplimiento de la sentencia y de la suspensión

1.- OBLIGACIONES DE LAS AUTORIDADES DEMANDADAS Y OTRAS

Artículo 57.- Las autoridades demandadas y cualesquiera otra autoridad relacionada, están obligadas a cumplir las sentencias del Tribunal Federal de Justicia Fiscal y Administrativa, conforme a lo siguiente:

I. En los casos en los que la sentencia declare la nulidad y ésta se funde en alguna de las siguientes causales:

a) Tratándose de la incompetencia, la autoridad competente podrá iniciar el procedimiento o dictar una nueva resolución, sin violar lo resuelto por la sentencia, siempre que no hayan caducado sus facultades. Este efecto se producirá aun en el caso de que la sentencia declare la nulidad en forma lisa y llana.

b) Si tiene su causa en un vicio de forma de la resolución impugnada, ésta se puede reponer subsanando el vicio que produjo la nulidad; en el caso de nulidad por vicios del procedimiento, éste se puede reanudar reponiendo el acto viciado y a partir del mismo.

En ambos casos, la autoridad demandada cuenta con un plazo de cuatro meses para reponer el procedimiento y dictar una nueva resolución definitiva, aun cuando hayan transcurrido los plazos señalados en los artículos 46-A y 67 del Código Fiscal de la Federación.

En el caso previsto en el párrafo anterior, cuando sea necesario realizar un acto de autoridad en el extranjero o solicitar información a terceros para corroborar datos relacionados con las operaciones efectuadas con los contribuyentes, en el plazo de cuatro meses no se contará el tiempo transcurrido entre la petición de la información o de la realización del acto correspondiente y aquél en el que se proporcione dicha información o se realice el acto. Igualmente, cuando en la reposición del procedimiento se presente alguno de los supuestos a que se refiere el tercer párrafo del artículo 46-A del Código Fiscal de la Federación, tampoco se contará dentro del plazo de cuatro meses el periodo por el que se suspende el plazo para concluir las visitas domiciliarias o las revisiones de gabinete, previsto en dicho párrafo, según corresponda.

Si la autoridad tiene facultades discrecionales para iniciar el procedimiento o para dictar una nueva resolución en relación con dicho procedimiento, podrá abstenerse de reponerlo, siempre que no afecte al particular que obtuvo la nulidad de la resolución impugnada.

Los efectos que establece este inciso se producirán sin que sea necesario que la sentencia lo establezca, aun cuando la misma declare una nulidad lisa y llana.

c) Cuando la resolución impugnada esté viciada en cuanto al fondo, la autoridad no podrá dictar una nueva resolución sobre los mismos hechos, salvo que la sentencia le señale efectos que le permitan volver a dictar el acto. En ningún caso el nuevo acto administrativo puede perjudicar más al actor que la resolución anulada.

Para los efectos de este inciso, no se entenderá que el perjuicio se incrementa cuando se trate de juicios en contra de resoluciones que determinen obligaciones de pago que se aumenten con actualización por el simple transcurso del tiempo y con motivo de los cambios de precios en el país o con alguna tasa de interés o recargos.

d) Cuando prospere el desvío de poder, la autoridad queda impedida para dictar una nueva resolución sobre los mismos hechos que dieron lugar a la resolución impugnada, salvo que la sentencia ordene la reposición del acto administrativo anulado, en cuyo caso, éste deberá reponerse en el plazo que señala la sentencia.

II. En los casos de condena, la sentencia deberá precisar la forma y los plazos en los que la autoridad cumplirá con la obligación respectiva, conforme a las reglas establecidas en el artículo 52 de esta Ley.

Cuando se interponga el juicio de amparo o el recurso de revisión, se suspenderá el efecto de la sentencia hasta que se dicte la resolución que ponga fin a la controversia.

2.- GARANTÍA DE CUMPLIMIENTO DE LAS RESOLUCIONES.

Artículo 58.- A fin de asegurar el pleno cumplimiento de las resoluciones del Tribunal a que este precepto se refiere, una vez vencido el plazo previsto por el artículo 52 de esta Ley, éste podrá actuar de oficio o a petición de parte, conforme a lo siguiente:

I. La Sala Regional, la Sección o el Pleno que hubiere pronunciado la sentencia, podrá de oficio, por conducto de su Presidente, en su caso, requerir a la autoridad demandada que informe dentro de los tres días siguientes, respecto al cumplimiento de la sentencia. Se exceptúan de lo dispuesto en este párrafo las sentencias que hubieran señalado efectos, cuando la resolución impugnada derive de un procedimiento oficioso.

Concluido el término anterior con informe o sin él, la Sala Regional, la Sección o el Pleno de que se trate, decidirá si hubo incumplimiento injustificado de la sentencia, en cuyo caso procederá como sigue:

a) Impondrá a la autoridad demandada responsable una multa de apremio que se fijará entre trescientas y mil veces el salario mínimo general diario que estuviere vigente en el Distrito Federal, tomando en cuenta la gravedad del incumplimiento y las consecuencias que ello hubiere ocasionado, requiriéndola a cumplir con la sentencia en el término de tres días y previniéndole, además, de que en caso de renuencia, se le impondrán nuevas multas de apremio en los términos de este inciso, lo que se informará al superior jerárquico de la autoridad demandada.

b) Si al concluir el plazo mencionado en el inciso anterior, persistiere la renuencia de la autoridad demandada a cumplir con lo sentenciado, la Sala Regional, la Sección o el Pleno podrá requerir al superior jerárquico de aquélla para que en el plazo de tres días la obligue a cumplir sin demora.

De persistir el incumplimiento, se impondrá al superior jerárquico una multa de apremio de conformidad con lo establecido por el inciso a).

c) Cuando la naturaleza del acto lo permita, la Sala Regional, la Sección o el Pleno podrá comisionar al funcionario jurisdiccional que, por la índole de sus funciones estime más adecuado, para que dé cumplimiento a la sentencia.

Lo dispuesto en esta fracción también será aplicable cuando no se cumplimente en los términos ordenados la suspensión que se decrete, respecto del acto impugnado en el juicio o en relación con la garantía que deba ser admitida.

d) Transcurridos los plazos señalados en los incisos anteriores, la Sala Regional, la Sección o el Pleno que hubiere emitido el fallo, pondrá en conocimiento de la Contraloría Interna correspondiente los hechos, a fin de ésta determine la responsabilidad del funcionario responsable del incumplimiento.

II. A petición de parte, el afectado podrá ocurrir en queja ante la Sala Regional, la Sección o el Pleno que la dictó, de acuerdo con las reglas siguientes:

a) Procederá en contra de los siguientes actos:

1.- La resolución que repita indebidamente la resolución anulada o la que incurra en exceso o en defecto, cuando se dicte pretendiendo acatar una sentencia.

2.- La resolución definitiva emitida y notificada después de concluido el plazo establecido por los artículos 52 y 57, fracción I, inciso b) de esta Ley, cuando se trate de una sentencia dictada con base en las fracciones II y III del artículo 51 de la propia ley, que obligó a la autoridad demandada a iniciar un procedimiento o a emitir una nueva resolución, siempre y cuando se trate de un procedimiento oficioso.

3.- Cuando la autoridad omita dar cumplimiento a la sentencia.

4.- Si la autoridad no da cumplimiento a la orden de suspensión definitiva de la ejecución del acto impugnado en el juicio contencioso administrativo federal.

La queja sólo podrá hacerse valer por una sola vez, con excepción de los supuestos contemplados en el subinciso 3, caso en el que se podrá interponer en contra de las resoluciones dictadas en cumplimiento a esta instancia.

b) Se interpondrá por escrito acompañado, si la hay, de la resolución motivo de la queja, así como de una copia para la autoridad responsable, se presentará ante la Sala Regional, la Sección o el Pleno que dictó la sentencia, dentro de los quince días siguientes a aquél en que surtió efectos la notificación del acto, resolución o manifestación que la provoca. En el supuesto previsto en el inciso anterior, subinciso 3, el quejoso podrá interponer su queja en cualquier tiempo, salvo que haya prescrito su derecho.

En dicho escrito se expresarán las razones por las que se considera que hubo exceso o defecto; repetición del acto impugnado o del efecto de éste; que precluyó la oportunidad de la autoridad demandada para emitir la resolución definitiva con la que concluya el procedimiento ordenado; o bien, que procede el cumplimiento sustituto.

El Magistrado Instructor o el Presidente de la Sección o el Presidente del Tribunal, en su caso, ordenarán a la autoridad a quien se impute el incumplimiento, que rinda informe dentro del plazo de cinco días en el que justificará el acto que provocó la queja. Vencido el plazo mencionado, con informe o sin él, se dará cuenta a la Sala Regional, la Sección o el Pleno que corresponda, la que resolverá dentro de los cinco días siguientes.

c) En caso de repetición de la resolución anulada, la Sala Regional, la Sección o el Pleno hará la declaratoria correspondiente, anulando la resolución repetida y la notificará a la autoridad responsable de la repetición, previniéndole se abstenga de incurrir en nuevas repeticiones.

Además, al resolver la queja, la Sala Regional, la Sección o el Pleno impondrá la multa y ordenará se envíe el informe al superior jerárquico, establecidos por la fracción I, inciso a) de este artículo.

d) Si la Sala Regional, la Sección o el Pleno resuelve que hubo exceso o defecto en el cumplimiento, dejará sin efectos la resolución que provocó la queja y concederá a la autoridad demandada veinte días para que dé el cumplimiento debido al fallo, precisando la forma y términos conforme a los cuales deberá cumplir.

e) Si la Sala Regional, la Sección o el Pleno comprueba que la resolución a que se refiere el inciso a), subinciso 2 de esta fracción, se emitió después de concluido el plazo legal, anulará ésta, declarando la preclusión de la oportunidad de la autoridad demandada para dictarla y ordenará se comunique esta circunstancia al superior jerárquico de ésta.

f) En el supuesto comprobado y justificado de imposibilidad de cumplir con la sentencia, la Sala Regional, la Sección o el Pleno declarará procedente el cumplimiento sustituto y ordenará instruir el incidente respectivo, aplicando para ello, en forma supletoria, el Código Federal de Procedimientos Civiles, abrogado en un plazo que no exceda del 1 de abril de 2027, el cual ha dado paso al nuevo Código Nacional de Procedimientos Civiles y Familiares.

g) Durante el trámite de la queja se suspenderá el procedimiento administrativo de ejecución que en su caso existiere.

III. Tratándose del incumplimiento de la resolución que conceda la suspensión de la ejecución del acto impugnado o alguna otra de las medidas cautelares previstas en esta Ley, procederá la queja mediante escrito interpuesto en cualquier momento hasta antes de que se dicte sentencia definitiva ante el Magistrado Instructor.

En el escrito en que se interponga la queja se expresarán los hechos por los que se considera que se ha dado el incumplimiento y en su caso, se acompañarán los documentos en que consten las actuaciones de la autoridad que pretenda vulnerar la suspensión o la medida cautelar otorgada.

El Magistrado pedirá un informe a quien se impute el incumplimiento, que deberá rendir dentro del plazo de cinco días, en el que, en su caso, se justificará el acto o la omisión que provocó la queja. Vencido dicho plazo, con informe o sin él, el Magistrado dará cuenta a la Sala, la que resolverá en un plazo máximo de cinco días.

Si la Sala resuelve que hubo incumplimiento, declarará la nulidad de las actuaciones realizadas en violación a la suspensión o de otra medida cautelar otorgada.

La resolución a que se refiere esta fracción se notificará también al superior jerárquico del servidor público responsable, entendiéndose por este último al que incumpla con lo resuelto, para que proceda jerárquicamente y la Sala impondrá al responsable o autoridad renuente, una multa equivalente a un mínimo de treinta días de su salario, sin exceder del equivalente a sesenta días del mismo, tomando en cuenta la gravedad del incumplimiento, el sueldo del servidor público de que se trate y su nivel jerárquico.

También se tomará en cuenta para imponer la sanción, las consecuencias que el no acatamiento de la resolución hubiera ocasionado, cuando el afectado lo señale, caso en que el solicitante tendrá derecho a una indemnización por daños y perjuicios, la que, en su caso, correrá a cargo de la unidad administrativa en la que preste sus servicios el servidor público de que se trate, en los términos en que se resuelva la queja.

IV. A quien promueva una queja notoriamente improcedente, entendiendo por ésta la que se interponga contra actos que no constituyan resolución administrativa definitiva, se le impondrá una multa en monto equivalente a entre doscientas cincuenta y seiscientas veces el salario mínimo general diario vigente en el Distrito Federal y, en caso de haberse suspendido la ejecución, se considerará este hecho como agravante para graduar la sanción que en definitiva se imponga.

Existiendo resolución administrativa definitiva, si el Magistrado Instructor, la Sala Regional, la Sección o el Pleno consideran que la queja es improcedente, porque se plantean cuestiones novedosas que no fueron materia de la sentencia, prevendrán al promovente para que presente su demanda dentro de los treinta días siguientes a aquél en que surta efectos la notificación del auto respectivo, reuniendo los requisitos legales, en la vía correspondiente, ante la misma Sala Regional que conoció del primer juicio, la que será turnada al mismo Magistrado Instructor de la queja. No deberá ordenarse el trámite de un juicio nuevo si la queja es improcedente por la falta de un requisito procesal para su interposición.

Capítulo XIX

Las sentencias en el procedimiento civil federal

1. SUPLETORIEDAD.

En la mayoría de los procedimientos legales que hemos venido comentando, se invoca la supletoriedad del Código Federal de Procedimientos Civiles (abrogado en un plazo que no exceda del 1 de abril de 2027) en los casos no contemplados en las propias leyes, y esto incluye desde luego lo relativo a las sentencias y por ello también nos referiremos a la misma, cuya regulación la contienen los artículos del 345 al 357 del propio Código:

Artículo 345.- Cuando la demanda fuere confesada expresamente, en todas sus partes, y cuando el actor manifieste su conformidad con la contestación, sin más trámite se pronunciará la sentencia.

Artículo 346.- Terminada la audiencia de que trata el capítulo anterior, puede en ella, si la naturaleza del negocio lo permite, pronunciar el tribunal su sentencia, pudiendo adoptar, bajo su responsabilidad, cualquiera de los proyectos presentados por las partes.

Artículo 347.- Si, en la audiencia, no pronunciare el tribunal su sentencia, en ella misma citará para pronunciarla dentro del término de diez días.

Artículo 348.- Al pronunciarse la sentencia, se estudiarán previamente las excepciones que no destruyan la acción, y, si alguna de éstas se declara procedente, se abstendrán los tribunales de entrar al fondo del negocio, dejando a salvo los derechos del actor. Si dichas excepciones no se declaran procedentes, se decidirá sobre el fondo del negocio, condenando o absolviendo, en todo o en parte, según el resultado de la valuación de las pruebas que haga el tribunal.

Artículo 349.- La sentencia se ocupará exclusivamente de las personas, cosas, acciones y excepciones que hayan sido materia del juicio.

Basta con que una excepción sea de mero derecho o resulte probada de las constancias de autos, para que se tome en cuenta al decidir.

Artículo 350.- Cuando el actor no pruebe su acción, será absuelto el demandado.

Artículo 351.- Salvo el caso del artículo 77, no podrán los tribunales, bajo ningún pretexto, aplazar, dilatar, omitir ni negar la resolución de las cuestiones que hayan sido discutidas en el juicio.

Artículo 352.- Cuando hayan sido varios los puntos litigiosos, se hará, con la debida separación, la declaración correspondiente a cada uno de ellos.

Artículo 353.- Cuando hubiere condena de frutos, intereses, daños o perjuicios, se fijará su importe en cantidad líquida, o, por lo menos, se establecerán las bases con arreglo a las cuales deba hacerse la liquidación, cuando no sean el objeto principal del juicio.

A su vez, el nuevo Código Nacional de Procedimientos Civiles y Familiares marca disposiciones relevantes sobre la sentencia en los siguientes términos:

Artículo 467. Concluido el desahogo de pruebas, se concederá el uso de la palabra, por una vez a cada una de las partes para formular los alegatos de cierre. La autoridad jurisdiccional tomará las medidas que procedan a fin de que las partes se sujeten al tiempo indicado.

Artículo 468. Enseguida se declarará el asunto visto y se emitirá de inmediato la sentencia definitiva. De ser necesario, la autoridad jurisdiccional decretará un receso razonable para resolver en el mismo día.

En su caso, reanudada la audiencia, la autoridad jurisdiccional explicará de forma breve, clara y sencilla en un lenguaje cotidiano el sentido de su sentencia definitiva y leerá únicamente los puntos resolutivos, entregando copia simple de la versión escrita de la misma a las partes, en un plazo no mayor a dos días.

Asimismo, se hará del conocimiento de las partes el derecho que tienen, si estimaren que la sentencia definitiva contiene omisiones, cláusulas o palabras contradictorias, ambiguas u oscuras, de solicitar por escrito dentro del término de tres días, posteriores a la emisión de la sentencia, la aclaración de la resolución y sin que con ello se pueda variar la substancia de la resolución, sin que dicha petición pueda alterar los plazos del recurso de apelación.

De igual forma, hará saber el derecho y término que tienen las partes para impugnar dicha sentencia conforme al caso en concreto.

En casos excepcionales, dada la complejidad del asunto, el cúmulo y naturaleza de las pruebas desahogadas, la autoridad jurisdiccional podrá diferir la audiencia para emisión de la sentencia definitiva hasta por diez días, citando a las partes para su explicación en un lenguaje cotidiano, en forma breve, clara y sencilla el sentido de la sentencia definitiva y leerá únicamente los puntos resolutivos, entregando copia simple de la versión escrita de la misma a las partes, en un plazo no mayor a dos días.

En caso de que las partes no estén presentes en la audiencia donde se emita la sentencia, se dispensará su explicación y lectura de puntos resolutivos, y se publicará la sentencia a través del medio de comunicación procesal oficial.

Tratándose de personas pertenecientes a grupos sociales en situación de vulnerabilidad la sentencia deberá explicarse y dictarse con los ajustes y formatos necesarios para su debido entendimiento y comprensión.

Artículo 469. Asimismo, al momento de dictar la sentencia definitiva, la autoridad jurisdiccional explicará a las partes las ventajas del cumplimiento voluntario de la sentencia; y las desventajas, de no hacerlo voluntariamente; así como la importancia de presentarse a las audiencias de cumplimiento voluntario de sentencia y sus consecuencias legales, para el caso de que la resolución no sea modificada o revocada por la autoridad jurisdiccional de segunda instancia. Destacando la importancia de vigilar el expediente ante la ausencia de cualquier notificación personal antes de los tres meses posteriores a que la sentencia definitiva sea ejecutable.

Artículo 509. La autoridad jurisdiccional bajo su más estricta responsabilidad, revisará escrupulosamente la contestación de la demanda y desechará de plano las excepciones diferentes a las que se autorizan o aquéllas en que sea necesario exhibir documento y el mismo no se acompañe salvo los casos que se esté gestionando su exhibición en términos de este Código Nacional.

La reconvención sólo será procedente cuando se funde en el mismo documento base de la acción o se refiera a su nulidad. En cualquier otro caso se desechará de plano. Las cuestiones relativas a la personalidad de las partes no suspenderán el procedimiento y se resolverán dentro del plazo a que se refiere el artículo 71 de este Código Nacional.

Si la parte demandada se allanare a la demanda y solicitare término de gracia para el pago o cumplimiento de lo reclamado, se dará vista a la actora para que, dentro de tres días manifieste lo que a su derecho convenga, debiendo la autoridad jurisdiccional resolver de acuerdo a tales proposiciones de las partes en audiencia de juicio, que se celebrará dentro de los diez días siguientes, en dónde se declarará el asunto visto y de ser necesario la autoridad jurisdiccional decretará un receso razonable para resolver. En su caso, reanudada la audiencia, la autoridad jurisdiccional explicará de forma breve, clara y sencilla en un lenguaje cotidiano su sentencia definitiva y leerá únicamente los puntos resolutivos, entregando copia simple de la versión escrita de la misma a las partes, en un plazo no mayor a dos días.

Artículo 511. En la audiencia de juicio la autoridad jurisdiccional abrirá una etapa de conciliación o mediación, y en caso de no llegar a un convenio, las partes expondrán sus alegatos de inicio, se procederá al desahogo de las pruebas admitidas, expresarán las partes alegatos de cierre, en seguida la autoridad jurisdiccional explicará de forma breve, clara y sencilla en un lenguaje cotidiano su sentencia definitiva y leerá únicamente los puntos resolutivos, entregando copia simple de la versión escrita de la misma a las partes, en un plazo no mayor a dos días, todo lo anterior, aplicando en lo conducente las reglas de las audiencias del juicio ordinario oral civil.

Artículo 524. En la audiencia de juicio, se abrirá una etapa de conciliación y mediación, en caso de no lograrse un convenio, las partes expresaran sus alegatos de inicio, se desahogarán las pruebas y escuchados los alegatos finales, se declarará el asunto visto y la autoridad jurisdiccional explicará de forma breve, clara y sencilla en un lenguaje cotidiano su sentencia definitiva y leerá únicamente los puntos resolutivos, entregando copia simple de la versión escrita de la misma a las partes, en un plazo no mayor a dos días.

Artículo 680. Enseguida se declarará el asunto visto y se emitirá la sentencia definitiva correspondiente, para lo cual la autoridad jurisdiccional dispondrá del receso necesario dentro del mismo día de la audiencia.

En la misma audiencia de juicio, la autoridad jurisdiccional explicará con lenguaje sencillo, en forma breve y clara la sentencia definitiva y leerá únicamente los puntos resolutivos, así como, en los casos que proceda, el derecho que tienen las partes para impugnar dicha sentencia mediante el recurso de apelación, lo que se asentará en el acta mínima respectiva y ésta contendrá los puntos resolutivos expuestos, entregando en un plazo no mayor a tres días la versión escrita de la sentencia definitiva.

Cuando así lo considere la autoridad jurisdiccional y se involucren a niñas, niños o adolescentes, se deberá redactar una sentencia en formato de lectura fácil.

Asimismo, se hará del conocimiento de las partes el derecho que tienen, si estimaren que la sentencia definitiva contiene omisiones, cláusulas o palabras contradictorias, ambiguas u oscuras, de solicitar por escrito dentro del término de tres días, posteriores a que se encuentre puesta a su disposición la sentencia escrita, la aclaración o adición a la resolución, sin que con ello se pueda variar la substancia del fondo de la resolución. Contra tal determinación procederá el recurso de apelación, sin necesidad de reenvío, debiendo la autoridad jurisdiccional de apelación asumir plena jurisdicción.

Artículo 682. Concluida la explicación de la sentencia definitiva, la autoridad jurisdiccional informará a las partes la importancia de presentarse a la audiencia de cumplimiento de sentencia y sus ventajas, así como las consecuencias en caso de ejecución forzosa.

2. VERDAD LEGAL.

Artículo 354.- La cosa juzgada es la verdad legal, y contra ella no se admite recurso ni prueba de ninguna clase, salvo los casos expresamente determinados por la ley.

Artículo 355.- Hay cosa juzgada cuando la sentencia ha causado ejecutoria.

Artículo 356.- Causan ejecutoria las siguientes sentencias:

- Las que no admitan ningún recurso;
- Las que, admitiendo algún recurso, no fueren recurridas, o, habiéndolo sido, se haya declarado desierto el interpuesto, o haya desistido el recurrente de él, y
- Las consentidas expresamente por las partes, sus representantes legítimos o sus mandatarios con poder bastante.

Artículo 357.- En los casos de las fracciones I y III del artículo anterior, las sentencias causan ejecutoria por ministerio de la ley; en los casos de la fracción II se requiere declaración judicial, la que será hecha a petición de parte. La declaración se hará por el tribunal de apelación, en la resolución que declare desierto el recurso. Si la sentencia no fuere recurrida, previa certificación de esta circunstancia por la Secretaría, la declaración la hará el tribunal que la haya pronunciado, y, en caso de desistimiento, será hecha por el tribunal ante el que se haya hecho valer.

La declaración de que una sentencia ha causado ejecutoria no admite ningún recurso.

TERCERA PARTE
LA SENTENCIA EN EL DERECHO INTERNACIONAL.

Capítulo XX

Convenios y tratados internacionales

1. SUPREMACÍA CONSTITUCIONAL.

El artículo 133 de la Constitución Política de los Estados Unidos Mexicanos, dispone que ésta Constitución, las leyes del Congreso de la Unión que emanen de ella y todos los tratados que estén de acuerdo con la misma, celebrados y que se celebren por el Presidente de la República, con aprobación del Senado, serán la Ley Suprema de toda la Unión. Los jueces de cada entidad federativa se arreglarán a dicha Constitución, leyes y tratados, a pesar de las disposiciones en contrario que pueda haber en las constituciones o leyes de las entidades federativas.

2. TRATADOS DEL ESTADO MEXICANO.

Habla también del tema, el artículo primero Constitucional, cuando obliga a que en los Estados Unidos Mexicanos, todas las personas gozarán de los derechos humanos reconocidos en ésta Constitución y en los tratados internacionales, de que el estado mexicano sea parte.

Igualmente el artículo 15 de la Carta Magna, determina que no se autoriza la celebración de tratados para la extradición de reos políticos, ni para la de aquellos delincuentes del orden común que hayan tenido en el país donde cometieron el delito, la condición de esclavos; ni de convenios o tratados en virtud de los que se alteren los derechos humanos reconocidos por ésta Constitución y en los Tratados Internacionales de los que el estado mexicano sea parte.

3. DERECHO INTERNACIONAL.

El artículo 42 del Código Supremo Nacional, dispone que el territorio nacional comprende:

V. Las aguas de los mares territoriales en la extensión y términos que fija el Derecho Internacional y las Marítimas Interiores.

VI. El espacio situado sobre el territorio nacional con la extensión y modalidades que establezca el propio Derecho Internacional.

Cuando las dos fracciones anteriores hablan del Derecho Internacional, no se refiere a otra cosa que a los Tratados y Convenios celebrados por México sobre el particular con otros países.

3. FACULTADES DEL SENADO.

En concordancia con el artículo 133 Constitucional, el numeral 76 señala que son facultades exclusivas del Senado: Segundo párrafo; además, aprobar los tratados internacionales y convenciones diplomáticas que el Ejecutivo Federal suscriba, así como su decisión de terminar, denunciar, suspender, modificar, enmendar, retirar reservas y formular declaraciones interpretativas sobre los mismos.

4. FACULTADES DEL EJECUTIVO.

Como las del Senado, al listarse las facultades del Presidente de la República, el artículo 89 establece que las facultades y obligaciones del Presidente, son las siguientes:

X. Dirigir la política exterior y celebrar tratados internacionales, así como terminar, denunciar, suspender, modificar, enmendar, retirar reservas y formular declaraciones interpretativas sobre los mismos, sometiéndose a la aprobación del Senado. En la conducción de tal política, el titular del Poder Ejecutivo obtendrá los siguientes principios normativos de la autodeterminación de los pueblos; la no intervención; la solución política de controversias; la prescripción de la amenaza o el uso de la fuerza en las relaciones internacionales; la igualdad jurídica de los estados; la cooperación internacional para el desarrollo; el respeto; la protección y promoción de los derechos humanos y la lucha por la paz y la seguridad internacional.

Capítulo XXI

De la soberania nacional y de la forma de gobierno

1.- PODER DEL PUEBLO.

México es un país soberano; y la Soberanía, ordena el artículo 39: Reside esencial y originalmente en el pueblo. Todo poder público dimana del pueblo y se instituye para beneficio de éste. El pueblo tiene en todo tiempo el inalienable derecho de alterar o modificar la forma de gobierno.

Es voluntad del pueblo mexicano, enfatiza el artículo 40; constituirse en una república representativa, democrática, laica y federal, compuesta por estados libres y soberanos. En todo lo concerniente a su régimen interior, y por la ciudad de México, unidos en una federación establecida según los principios de la ley fundamental.

Refuerza el artículo 41, que el pueblo ejerce su soberanía por medio de los Poderes de la Unión, en sus casos de la competencia de estos, y por los estados y la ciudad de México, en lo que toca a sus regímenes interiores.

2.-DIVISIÓN DE LOS PODERES.

El supremo poder de la federación, al amparo del artículo 49 se divide para su ejercicio en Legislativo, Ejecutivo y Judicial.

El Poder Legislativo, advierte el artículo 50, se deposita en un Congreso General, que se dividirá en dos Cámaras, una de Diputados y otra de Senadores, y a quienes al tenor del artículo 71 de la propia Constitución corresponde el derecho de iniciar leyes y decretos.

Se deposita el ejercicio del Supremo Poder Ejecutivo de la Unión, dice el artículo 80, en un solo individuo, que se denominara "Presidente de los Estados Unidos Mexicanos".

Entre sus facultades, contenida en la fracción segunda del artículo 89 Constitucional, está la de nombrar y remover libremente a los Secretarios de Estado que están a cargo de la administración pública centralizada. Acorde con el artículo 8 de la Ley Suprema como ya lo analizamos en otro apartado, deben acordarse por escrito las peticiones de los gobernados siempre que también se formula por escrito, pacífica y de manera respetuosa.

Finalmente el ejercicio del Poder Judicial de la Federación, se deposita, según lo previene el artículo 94 en una Suprema Corte de Justicia, en un Tribunal Electoral, en Tribunales Colegiados y Unitarios de Circuito y en los Juzgados de Distrito.

3.- FUNCIONES DE LOS TRIBUNALES.

Las funciones de los tribunales de la Federación están contenidas en los artículos 103, 104, 105, 106 y 107, son desde luego y en primerísimo lugar del Juicio de Amparo y además de los procedimientos por delitos del orden federal, las controversias del orden civil, mercantil y sus decisiones son sentencias esencialmente jurisdiccionales contrariamente a las del aparato administrativo que son resoluciones, laudos, mandamientos.

Así pues, el Poder Judicial y el Poder Ejecutivo son los llamados a materializar en su exacta dimensión el contenido del artículo 17 de la Carta Magna que prescribe:

"Toda persona tiene derecho a que se le administre justicia por Tribunales que estarán expeditos para impartirla en los plazos y términos que fijen las leyes, emitiendo sus resoluciones de manera pronta, completa e imparcial."

Todo lo anterior se entiende cuando los derechos, los juicios, las acciones, las demandas se presentan en el ámbito nacional, interior, pero qué sucede cuando conforme el derecho internacional los emite un ente externo. Lo veremos en el capítulo siguiente.

Capítulo XXII

La sentencia en el derecho internacional

1. ACTOS ADMINISTRATIVOS.

El artículo primero de la Ley Federal del Procedimiento Administrativo, ordena que las disposiciones de esta ley son de orden e interés público, y se aplicarán a los actos, procedimientos y resoluciones de la administración pública federal centralizada, sin perjuicio de lo dispuesto en los tratados internacionales de los que México sea parte.

2. CONTROVERSIAS CONSTITUCIONALES.

Lo mismo puede decirse de una sentencia judicial, de las cuales trata el artículo 103 de la Ley Suprema, que preceptúa: los Tribunales de la Federación resolverán controversia que se suscite.

I Por normas generales, actos u omisiones de la autoridad que violen los derechos humanos reconocidos y las garantías otorgadas para su protección por esta Constitución, así como por los tratados internacionales del que elestado mexicano sea parte.

Hasta aquí tenemos el romanticismo Constitucional, según el cual el mexicano no tiene por qué sufrir el quebranto a la justicia, sus derechos están protegidos por una gama de garantías y derechos muchos de los cuales en la práctica son quimeras.

3. DERECHOS SUPRANACIONALES.

De los dos preceptos analizados concluimos que en el ámbito administrativo y en el judicial, el ciudadano se encuentra protegido, cuando un derecho está tutelado por un tratado internacional y sea violado o no reconocido por la autoridad. Entonces acudirá ante la autoridad demandando su observancia.

4. ¿ES EL INDIVIDUO SUJETO DE DERECHO?

Pero, cabría preguntarnos si el individuo es sujeto del derecho internacional, toda vez que los tratados y convenios con la comunidad internacional son firmados por los estados; es decir, por personas morales de derecho público.

Max Sorensen, en el manual de Derecho Internacional Público, publicado por el Fondo de Cultura Económica, sostiene que en algunas circunstancias, el individuo tiene el deber, según el derecho internacional, ya sea convencional o consuetudinario, de hacer o abstenerse de hacer ciertos actos. El delito de piratería y las violaciones a las leyes y costumbres de la guerra se han señalado como ejemplos en apoyo de la teoría de que el individuo es sujeto de derecho internacional. Para justificar la responsabilidad individual, nuestro autor cita el fallo dictado por el Tribunal de Nuremberg, el 30 de noviembre de 1946:

“Hace tiempo se ha reconocido que el Derecho Internacional impone deberes y responsabilidades a los individuos igual que a los estados,… los crímenes contra el derecho internacional son cometidos por los hombres no por entidades abstractas, y solo mediante el castigo a los individuos que cometen tales crímenes pueden hacerse cumplir las disposiciones del derecho internacional… El principio de derecho internacional que, en ciertas circunstancias, protege a los representantes de un estado, no puede aplicarse a los actos que tal derecho condena como criminales.

Los autores de dichos actos no pueden resguardarse tras sus cargos oficiales para liberarse de la sanción de los juicios apropiados… Quien viola las leyes de la guerra no puede lograr la inmunidad por el solo hecho de actuar en obediencia a la autoridad del estado, cuando el estado, al autorizar su actuación, sobrepasa su competencia según el derecho internacional...El hecho de que se ordene a un soldado que mate o torture, en violación a la Ley Internacional de Guerra jamás se ha reconocido como una defensa de tales actos de brutalidad, aunque la orden... pueda ser tenida en cuenta para mitigar la sanción".

5. ENJUICIAMIENTO DEL ESTADO MEXICANO.

Todo lo que hemos visto hasta ahora, gira en derredor de los gobernados y del derecho patrio. Pero existen normas supranacionales a las que debe someterse el estado mexicano y la vía de sujeción a ésas normas extra nacionales son los convenios y tratados firmados por México y de los que ya comentamos antes. Esta es la fuente del derecho internacional.

La Convención de Viena, en el párrafo primero del artículo segundo señala que se entiende por tratado un acuerdo internacional celebrado por escrito entre estados, y regido por el DIP (Derecho Internacional Público), ya conste en un instrumento único o en dos o más instrumentos conexos y cualesquiera que sea su denominación particular.

El cumplimiento de los tratados está regido por el artículo 26 de la Convención de Viena al prevenir que todo tratado en vigor obliga a las partes y debe ser cumplido de buena fe.

6. VIOLACIÓN DE UN TRATADO INTERNACIONAL.

Desde el momento en que se firma un convenio, adquiere la categoría de Ley para los estados signantes. Al estudiar el contenido del artículo 133 de la Carta Magna, y en la jerarquía legal está en primerísimo lugar la Constitución, e inmediatamente después los Tratados Internacionales.

Pero como toda norma, también los tratados pueden ser y de hecho son violados; al fin y al cabo al frente de los estados existen personas de carne y hueso, personas de acción, que despliegan una conducta, tienen la voluntad y ya lo sostenían los antiguos romanos. "La voluntad del hombre es variable hasta la muerte" y en esas variaciones se incurren en errores, en faltas, en delitos.

Ante esa posibilidad el derecho internacional, anticipa; que hay violación de una obligación internacional por un estado, cuando un hecho de ese estado no está de conformidad con lo que de él exige esa obligación.

La internacionalista Loretta Ortiz Ahlf, en su Derecho Internacional Público (Editorial Harla), nos enseña que la obligación internacional puede derivar de una costumbre, tratado o cualquier otra fuente de derecho internacional, siendo indispensable para fincar responsabilidad internacional, que la obligación se encuentre en vigor, se remite a la Comisión de Derecho Internacional para distinguir dos clases de violaciones: las que implican la comisión de un crimen internacional y las que constituyen delitos internacionales.

7. CRIMEN INTERNACIONAL.

Por crimen internacional entiende la violación por un estado de una obligación tan esencial para la salvaguarda de los intereses fundamentales de la comunidad internacional que su violación está reconocida como crimen por esa comunidad en su conjunto.

Propone ejemplos que podemos resumir de la siguiente manera:

a) Agresión

b) Una dominación colonial

c) Esclavitud, genocidio y el apartheid

d) Contaminación de la atmósfera o los mares

Medios pacíficos de solución de conflictos internacionales.

Ahora bien, cuando por alguna circunstancia se dio la violación a una obligación internacional, no queda otra alternativa más que reclamar su cumplimiento. El derecho internacional propone algunas alternativas remediales, de concordia, antes de resolverlas en tribunales o por otros medios.

Nuestra autora Loretta Ortiz Ahlf distingue los medios diplomáticos y los medios jurídicos.

Entre los medios diplomáticos enumera:

La Negociación, que consiste en efectuar conversaciones diplomáticas. Se entabla entre las partes en conflicto por medio de sus órganos diplomáticos. Los buenos oficios y la mediación.

Los buenos oficios consisten en la participación con buena voluntad de uno o varios estados con el fin de invitar a las partes en conflicto para llegar a un acuerdo.

La diferencia con la mediación es que además de invitar a las partes a solucionar sus diferencias, les son propuestas soluciones específicas.

Pueden iniciarse a requerimiento de las partes o sin él. En el último caso, es un dato amistoso y de ninguna manera una intervención en asuntos internacionales.

Comisiones de investigación, que tienen como finalidad establecer el supuesto de Hélif. Del caso controvertido, sin plantear una solución al conflicto.

Procedimiento Conciliatorio, que es la intervención en el arreglo de una diferencia internacional, de un órgano; sin autoridad política propia que, gozando de una confianza de las partes en litigio, está encargado de examinar todos los aspectos del litigio y de proponer una solución que no es obligatoria para las partes.

8. MEDIOS JURÍDICOS DE SOLUCIÓN DE CONFLICTOS.

Cuando el quehacer pacifico no fructificó, ha de recurrirse a los medios jurídicos de solución de controversias. Nuestra autora aborda las siguientes instancias:

Arbitraje Internacional.

Este es definido, cita la prestigiada académica, por el artículo 37 del Convenio de la Haya de 1907, sobre el arreglo pacífico de diferencias como aquel que tiene por objeto arreglar los litigios entre los estados, mediante jueces elegidos por ellos y sobre la base del respeto al derecho, la propia autora apunta sus características que son:

a) Los árbitros son elegidos por las partes

b) Se resuelve definitivamente la diferencia

c) La sentencia que se dicta es obligatoria y vinculante para las parte

Procedimiento ante la Corte Internacional de Justicia.

Su creación, apunta Ortiz Ahlf está vinculada con la Organización de las Naciones Unidas.

Ante el fracaso de la sociedad de naciones, fue necesario crear una nueva corte, distinta a la Corte. Del Tribunal Permanente de Justicia Internacional.

La Corte Internacional de Justicia es el principal Órgano Jurisdiccional de las Naciones.

Las disposiciones que rige y su funcionamiento son el Capítulo XIX de la Carta de las Naciones Unidas, el estatuto de la Corte Internacional de Justicia. Ante la Corte enfatiza Ortiz Ahlf se pueden entablar dos clases de procedimiento: el contencioso y el consultivo.

9. PROCEDIMIENTO.

En lo concerniente al procedimiento seguido en esa instancia, el internacionalista Modesto Seara Vázquez, nos comenta en su obra Derecho Internacional Público (Editorial Porrúa 1994), tiene lugar mediante la notificación del compromiso o mediante solicitud escrita dirigida al Secretario de la Corte, indicando el objeto de la controversia y las partes. El Secretario lo comunicará entonces a: I) todos los interesados; II) todos los miembros de las Naciones Unidas, por conducto del Secretario General; III) todos los otros Estados que tengan derecho a comparecer ante la Corte. Los Estados que tengan intereses jurídicos que puedan ser afectados por la decisión del litigio pueden solicitar que se les permita intervenir, y la Corte debe decidir si accede a tal petición.

También, cuando se trata de la interpretación de un tratado en que otros Estados son partes, el Secretario deberá notificarlos inmediatamente, y tienen el derecho de intervenir en el proceso; pero si deciden ejercer ese derecho quedarán ligados por el fallo que sea dictado.

Aun antes de empezar la vista, la Corte puede solicitar de los agentes de los Estados que presenten documentos o den explicaciones, y si se negaren se dejara constancia formal del hecho.

Por cuanto al desarrollo del procedimiento, añade, La Corte dictará las medidas necesarias para la práctica de las pruebas.

Las vistas de la Corte estarán dirigidas: a) por el Presidente, b) por el Vicepresidente, en caso de ausencia del anterior, c) por el Magistrado más antiguo, si los anteriores no pudieran hacerlo.

En principio las vistas son públicas, excepto si la Corte decide lo contrario o si lo solicitan las partes.

Si las circunstancias lo exigiesen, la Corte puede decidir que se tomen medidas provisionales para resguardar los derechos de cada una de las partes, medidas que deben ser comunicadas inmediatamente a las partes y al Consejo de Seguridad.

Los estados están representados ante la Corte por agentes, y podrán tener también consejeros o abogados, gozando todos ellos de privilegios e inmunidades, necesarios para asegurarles el libre desempeño de sus funciones.

10. FASES DEL PROCEDIMIENTO.

El procedimiento consta de dos fases: I) Escrita. Comprende la comunicación a la Corte y a las partes, de la memoria, de las contra-memorias y, si fuese preciso, de las réplicas, así como de las piezas o documentos escritos en apoyo de las mismas. La comunicación se hace por intermedio del secretario, según los términos que fije la Corte, y todos los documentos presentados por una de las partes se harán conocer a la otra mediante copia certificada. II) Oral. Consiste en la audiencia que el tribunal acuerde a testigos, peritos, agentes, consejeros y abogados.

La Corte puede auxiliarse con la participación de personas diferentes de las que forman parte de ella: a) disponiendo que haya asesores con asiento en la Corte o en cualquiera de sus salas, pero sin derecho a voto, b) comisionando a cualquier individuo, entidad, negociado, comisión u otro organismo que ella escoja, para que haga una investigación o emita un dictamen pericial.

Fijado un plazo para la presentación de las pruebas, la Corte podrá negarse a aceptar cualquier prueba adicional, fuera de ese plazo, oral o escrita, a menos que la parte contraria dé su consentimiento a la que quiere presentarla.

Si una de las partes no comparece ante la Corte, o se abstiene de defender su caso, la otra parte puede pedir que se decida en su favor; pero la Corte deberá, antes de dictar sentencia, asegurarse no sólo de que tenga competencia para ocuparse del caso, sino también de que la demanda está bien fundada en cuanto a los hechos y al Derecho: es decir, que la no comparecencia o abstención en la defensa no se pueden equiparar al desistimiento en favor de la parte contraria.

Apunta así mismo al referirse a la terminación del procedimiento que una vez hecha la presentación del asunto por los agentes, consejeros o abogados, de acuerdo con lo que la Corte haya dispuesto, el Presidente dará por terminada la vista, comenzando la Corte sus deliberaciones, que serán secretas y en privado.

Las decisiones se toman por mayoría de votos de los magistrados presentes; y en caso de empate, el voto del Presidente, o en ausencia suya, del magistrado que lo reemplace, será decisivo.

11. SENTENCIAS DE LA CORTE INTERNACIONAL.

Por cuanto a la sentencia de la Corte Internacional, refiere nuestro autor que tiene unos requisitos y ofrece unas características que vamos a señalar: a) Deberá estar motivada, exponiendo las razones de la decisión. b) Tiene el efecto relativo de cosa juzgada, es decir, que no será obligatoria más que para las partes en conflicto y respecto al caso decidido. c) Es definitiva e inapelable.

Sumamente interesantes son las opiniones disidentes: cuando no se ha obtenido unanimidad al emitir la sentencia, los magistrados que no estén de acuerdo con el contenido de la misma pueden pedir que se agregue su opinión contraria. Es conveniente de distinguirlas de las opiniones individuales, ya que éstas, colocadas inmediatamente después de la sentencia, reflejan la postura del juez que, estando de acuerdo con lo fundamental de la sentencia, discrepa en algún punto concreto y quiere dejar constancia de esa ligera diferencia de opinión.

Si no existiese acuerdo entre las partes respecto al sentido o alcance del fallo, cualquiera de ellas puede pedir que la Corte lo interprete. En fin, el fallo deberá mencionar los nombres de los magistrados que hayan tomado parte en él, será firmado por el Presidente y el Secretario, y una vez debidamente notificado a los agentes será leído en sesión pública.

12. REVISIÓN DE LA SENTENCIA.

Analiza asimismo la figura de la revisión de la sentencia y señala que la única causa que puede justificar la revisión de una sentencia es el descubrimiento de un hecho nuevo, desconocido en el momento de emitir la sentencia, por la Corte y por la parte que pide la revisión, y siempre que tal desconocimiento no sea debido a negligencia de dicha parte.

Ese hecho debe ser de tal naturaleza que pueda ser factor decisivo. La solicitud de revisión deberá hacerse dentro del plazo de seis meses a partir del momento en que el hecho nuevo ha sido descubierto. En todo caso, no podrá pedirse la revisión de la sentencia cuando hayan transcurrido diez años a partir del momento en que fue emitido el fallo.

La Corte abre el proceso de revisión mediante una declaración en que, a) se hace constar expresamente la existencia del hecho nuevo; b) se reconoce que éste, por su naturaleza, justifica la revisión, y, c) se declara que hay lugar a la solicitud.

La Corte puede exigir que se ejecute el fallo antes de iniciar el proceso de revisión.

CUARTA PARTE

LA CONSTRUCCIÓN DE LAS SENTENCIAS SEGÚN LA LÓGICA JURÍDICA.

Capítulo XXIII
Filosofía del derecho

1.- FILOSOFÍA DEL DERECHO Y FILOSOFÍA GENERAL.

Michel Troper a quien ya nos hemos referido, señala que la expresión Filosofía del derecho se difundió a raíz de la aparición de los principios de la Filosofía del derecho de Hegel en 1821; apunta como ya hemos dicho en otra parte que los libros que llevan ese título son de extrema diversidad en lo doctrinal y en su contenido. No existe acuerdo sobre la definición del derecho ni sobre la definición de filosofía del derecho ni si es una rama de la filosofía o una parte de la ciencia jurídica ni las cuestiones de las que se debería ocupar, ni sobre sus funciones o si debe ser teoría general del derecho o si debe distinguirse la filosofía del derecho de los juristas y la filosofía del derecho de los filósofos.

Sea como fuere, en nuestra opinión el filósofo del derecho deberá remitirse a la filosofía general para la sistematización de sus tratados y la aplicación de sus principios a la parcela que va a estudiar como veremos más adelante.

En la teoría del conocimiento de Johannes Hessen, a la que ya hemos hecho referencia, el autor parte de la convicción de que la teoría del conocimiento constituye una disciplina filosófica y se convence de que para ubicar dentro del todo que es la filosofía debe empezarse por la definición esencial de filosofía y se pregunta el método para conseguirla.

Sugiere partir del vocablo mismo y recuerda que la palabra filosofía viene del griego y equivale a amor a la sabiduría, deseo o anhelo de saber el conocimiento y lo descarta por parecerse muy general.

Propone recopilar las definiciones esenciales de los filósofos de la historia, compararlas y llegar a la definición, y se deshace de ese método.

Dada sus discrepancias opta por seguir a Wilhelm Diltey y no toma un concepto determinado de filosofía, sino la representación general que de ella tiene toda persona culta. Así, examina los diferentes sistemas no en forma aislada sino en su conexión histórica y encontrar sus rasgos principales. De esta manera complementa el procedimiento inductivo mediante otro deductivo, y así llega al concepto esencial de filosofía y de él divide la filosofía en las siguientes disciplinas.

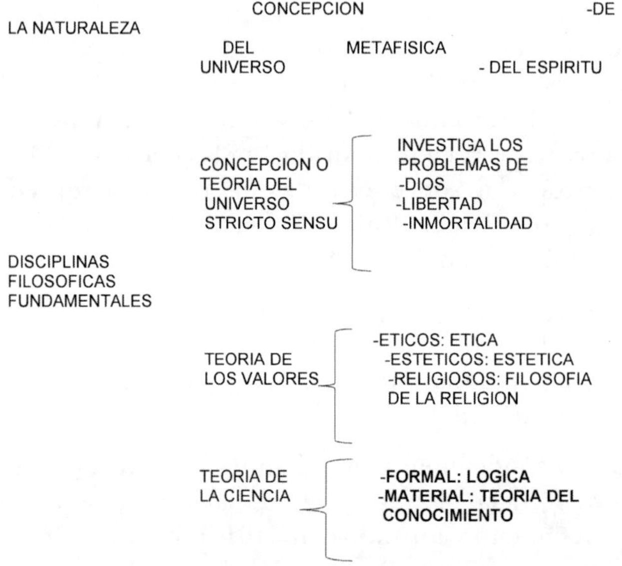

2.- LA LÓGICA EN GENERAL.

En el cuadro ilustrado encontramos la teoría del conocimiento y la lógica, que han sido aplicadas por algunos juristas del derecho y a partir de ellas elaboran sus tratados. Por ahora nos interesa la lógica que se ha aplicado al derecho y recientemente se han multiplicado los volúmenes que abordan la lógica jurídica, o uno de sus capítulos que es la argumentación. Así como los autores que estudian la filosofía del derecho no pueden apartarse de la filosofía general, aplicar su división o sus postulados; en la lógica también deberán tenerse presentes sus elementos y por eso los mencionaremos enseguida.

El maestro Roberto Alatorre Padilla en su obligada obra *Manual de Lógica* (México, Porrúa, 1981) nos ofrece el siguiente cuadro:

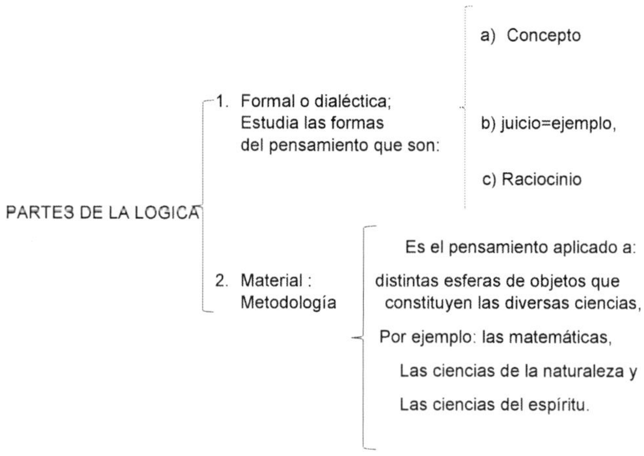

3.- JUICIO Y RAZONAMIENTOS.

Por ser los dos elementos que inciden en nuestro trabajo, es decir las sentencias, nos referiremos al juicio y razonamiento; siguiendo a nuestro autor tenemos en la página 162 su doctrina respecto al juicio, de la cual dice:

El juicio es la estructura lógica fundamental, la parte más importante y lo esencial, en el juicio es la toma de posición, es decir, la aseveración afirmativa o negativa. Este es el juicio enunciativo y analiza las siguientes definiciones:

- Juicio es una conexión de conceptos; esta definición no puede admitirse, pues en la expresión: "Ni éste, ni otro estudiante", no hay juicio, porque no hay sentencia de la inteligencia, no se afirma ni se niega algo.

- Juicio es la respuesta a la pregunta, ¿qué es la cosa? Tampoco puede admitirse, porque puede contestarse de muchas maneras, y estas formas son más o menos vagas; por ejemplo: ¿qué es un caballo? Y se responde que "Es un animal"; la respuesta es justa, pero imprecisa.

La definición tiene por objeto delimitar con precisión lo definido; condición que no se da en esta definición.

- Juicio es una conexión enunciativa de conceptos. Esta definición sí puede admitirse, porque existe una determinación, una enumeración de la conveniencia o no del predicado, v.gr.: el oro es metal.

- Juicio es una operación de la mente por la cual afirmamos o negamos un predicado de un sujeto. Esta definición también es buena, porque hay delimitación y precisión, elementos de la enunciación v.gr: "La justicia es buena".

- Juicio es un acto de la inteligencia por el cual se determina al sujeto desde el punto de vista que fija el sentido de la pregunta.

También es de aceptarse esta definición porque es determinar al sujeto desde un punto de vista único (el que fija la interrogación), evitándose así la multiplicidad de respuestas que pudieran convenir a la misma pregunta, es claro que la pregunta debe hacerse en forma clara, siguiendo las leyes de la aporética.

Reitera el maestro Alatorre Padilla que el juicio es una sentencia que da la inteligencia. ¿Cómo forma nuestro intelecto esta sentencia? Lo hace de la siguiente manera:

a) Ve el objeto; b) Analiza sus notas o propiedades; c) Compara las cualidades con el objeto; d) Percibe que cualidad conviene o no al objeto; e) Asiente, es decir afirma o niega que el predicado convenga al sujeto, ésta es la sentencia.

Agrega que el juicio se expresa mediante la proposición; así como el vocablo es el signo externo de la idea, así la proposición lo es del juicio y se le define diciendo: "Proposición es la expresión verbal del juicio".

4.- ELEMENTOS DEL JUICIO.

Con respecto a la estructura del juicio señala los siguientes elementos:

- Naturaleza del juicio. El juicio es la estructura lógica fundamental y a él se supedita en diferentes maneras, todo lo demás que la lógica estudia.
- Función del juicio. Los conceptos son los elementos del juicio y éste es, a su vez, el elemento del razonamiento.
- Elementos del juicio. Tradicionalmente se sostenía que el juicio constaba de tres elementos: sujeto, verbo o cópula y predicado. Filosóficamente hablando, el juicio consta de dos elementos: concepto-sujeto, que se refiere a la materia del conocimiento y el concepto-predicado, que es el punto de vista desde el cual se determina la materia de conocimiento o sujeto, ya que la copula forma parte del predicado.
- El problema de la cópula. Se ha dicho que la copula, según la lógica tradicional, es un elemento del juicio formado por otros dos, que son: el sujeto y el predicado; pues bien, la lógica moderna estima que la copula no es un elemento lógico independiente, sino gramatical, que forma parte del predicado; en efecto, si la separamos de éste lo distinguimos.

5.- EL JUICIO SE EXPRESA MEDIANTE "PROPOSICIONES", ESTAS SON SU VEHÍCULO.

Para mayor claridad conviene distinguir entre proposición y juicio.

- La proposición consta de palabras, mientras que el juicio consta de conceptos.

La característica principal del juicio es que pretenda ser verdadero y lo es, solo, cuando se apoya en la realidad; de aquí el adagio (verdad es la conformidad de la mente con la cosa).

- El juicio es una correlación de síntesis y de análisis.

Ya se ha dicho que el juicio no es una mera conexión de dos elementos dados de antemano, sino que es el instrumento que permite descubrir nuevos conceptos de las cosas, pasando de lo conocido a lo desconocido; cada nuevo predicado, agrega una nota al contenido anterior, suma un nuevo carácter al conjunto de propiedades; es decir, ejecuta una labor de síntesis, de reunión de los elementos de la cosa. Ahora veamos la fase del análisis, se ha creído algunas veces equivocadamente, que la función analítica del juicio, consiste en una mera descomposición o enumeración de las partes ya conocidas de que consta el sujeto; la función analítica tiene lugar en cada nueva adquisición progresiva de la ciencia; en efecto, al analizar al hombre, vamos descubriendo una nota tras otra, constituyendo por lo tanto el análisis, un desdoblamiento de los elementos que pueden atribuirse a un sujeto.

En el juicio se dan las síntesis y el análisis porque pensar es unir, pero también separar.

6.- CLASIFICACIÓN DE LOS JUICIOS.

- Según su cualidad, los juicios son: afirmativos y negativos.

Juicio afirmativo es el que expresa la conveniencia del predicado al sujeto, por ejemplo:

El hombre es mortal.

Juicio negativo es el que expresa la no conveniencia del predicado al sujeto; por ejemplo:

El hombre no es falible.

-Según su cantidad, los juicios son: singulares, particulares y universales.

*Juicio singular es el que comprende un solo objeto, por ejemplo: Juárez fue presidente.

*Juicio particular es el que comprende varios objetos, ejemplo: Algunos hombres son sabios.

*Juicio universal, es el que comprende una totalidad, ejemplo: todos los mexicanos son americanos.

Según su relación los juicios son: categóricos, hipotéticos y disyuntivos.

-Juicio categórico, es el que no está sujeto a condición; ejemplo: Pedro es bueno.

Juicio hipotético, es el que está sujeto a condición extrínseca (externa), ejemplo: si me pagan, compraré coche.

Juicio disyuntivo, es el que está sujeto a una condición intrínseca (interna), ejemplo: esta mesa es de madera o de plástico.

-Según su modalidad (no todos los juicios tienen el mismo grado de veracidad); los juicios son: asertóricos, problemáticos y apodícticos.

Juicio asertórico, es el que tiene validez de hecho, ejemplo: la ventana está abierta.

Juicio problemático, es el que tiene validez posible, ejemplo: es posible que llueva.

Juicio apodíctico, es el que tiene palidez necesaria, ejemplo: dos más dos es igual a cuatro.

- Según su materia los juicios son: verdaderos y falsos.

Juicio verdadero es el que está de acuerdo con la realidad, ejemplo: la física estudia las leyes naturales.

Juicio falso, es el que no está de acuerdo con la realidad, ejemplo: la tierra es plana.

- Según su contenido los juicios son: analíticos y sintéticos.

Juicio analítico es aquel cuyo predicado se encuentra contenido en el concepto sujeto, por ejemplo: El hombre es animal racional –las ideas, animalidad y racionalidad, se encuentran en el concepto hombre.

Juicio sintético es aquel cuyo predicado no puede considerarse como nota esencial del sujeto, ejemplo: Ptolomeo demostró los principios de la reflexión de la luz.

-Según su modo de ser los juicios son de esencia y de existencia.

Juicio de esencia es el que responde a la pregunta: ¿qué es?, ejemplo: ¿qué es el triángulo? Es un polígono de tres ángulos.

Juicio de existencia es el que responde a la pregunta: ¿cómo es?, ejemplo: Dios existe en todo lugar.

-Según su fundamento los juicios son: a priori y a posteriori.

Juicios a priori son los que no provienen de la experiencia, ejemplo: los axiomas: el todo es mayor que una de sus partes.

Juicios a posteriori son los que provienen de la experiencia, ejemplo: el calor dilata los cuerpos.

7.- JUICIOS CONTRADICTORIOS.

-Según la cantidad y cualidad combinadas, los juicios son: contradictorios, son los que refiriéndose a una situación idéntica, salvo en la cantidad, el uno afirma y el otro niega: están representados por las letras: AO-EI, ejemplos:

A-todos los jaliscienses son mexicanos.

O-algunos jaliscienses no son mexicanos.

E-ningún sabio es perfecto.

I-algunos sabios son perfectos.

-Contrarios, cuando siendo los dos universales, el uno afirma lo que el otro niega; están representados por las letras AE; ejemplo:

A-todo hombre es falible.

E- ningún hombre es falible.

-Subcontrarios, cuando siendo los dos particulares, el uno afirma lo que el otro niega; están representados por las letras IO; ejemplo:

I-algunos americanos son mexicanos.

O-algunos americanos no son mexicanos.

-Subalternos, son los que con una misma y cantidad distinta, poseen el mismo contenido, están representados por las letras AI-OE:

A-todo mexicano es americano.

I-algunos mexicanos son americanos.

O-algunos franceses no son americanos.

E-ningún francés es americano.

-Juicios de valor.

Se llaman juicios de valor aquellos cuyo predicado es un valor, ejemplo: el hombre bueno es justo.

-Juicios impersonales.

Juicios impersonales son aquellos en los cuales el sujeto no está expreso, ejemplo: "hace frío", "llueve"; entonces parece que hay juicios que carecen de sujeto y solo tienen copula y predicado; en realidad no es así, ya que se trata de proposiciones que expresan en forma incompleta su sentir.

En efecto, las proposiciones "hace frío" "llueve", no afirma que haga frío o llueva, en general, sino, en este momento, aquí, en la habitación o afuera en un lugar (este es el sujeto); entonces podría expresarse así: En este lugar, hace frío-llueve.

8.- LOS PRINCIPIOS SUPREMOS.

Nuestro autor nos expone con la misma sencillez lo relativo a los principios lógicos supremos. Cada ciencia señala, tiene determinadas leyes o normas que considera fundamentales. La lógica tradicional o lógica clásica tiene cuatro leyes supremas de pensamiento que son: el principio de identidad, el principio de no contradicción, el principio de tercero excluido y el principio de razón suficiente.

-Ontológicos.

Los principios o leyes lógicas del pensamiento, se apoyan en los principios ontológicos: la ontología -teoría de los seres- posee ciertos principios que valen a priori para todo objeto; no son principios lógicos sino mucho más amplios, son principios ontológicos que se apoyan en la esencia de los objetos cuyo valor se extiende a los objetos lógicos (pensamiento) porque éstos se refieren siempre a un objeto y lo suponen; estos principios son:

I. Todo objeto es idéntico a sí mismo.

II. Ningún objeto puede ser al mismo tiempo p y no p.

III. Todo objeto tiene que ser p o no p.

-El principio lógico de identidad, se enuncia así:

Cuando en un juicio el concepto sujeto es idéntico, total o parcialmente al concepto predicado, el juicio es necesariamente verdadero.

El principio lógico de no contradicción se enuncia así:

Cuando dos juicios se contradicen, los dos no pueden ser verdaderos –sin especificar cuál es el verdadero y cuál es el falso.

El principio lógico de tercero excluido se enuncia así:

Cuando dos juicios se contradicen, no pueden ser los dos falsos, basta demostrar la falsedad de uno para que el otro sea automáticamente verdadero.

El principio lógico de razón suficiente se enuncia así:

Todo juicio pretende ser verdadero; sin tal pretensión no hay juicio. Esto significa que la razón de un juicio está condicionada al objeto a que se refiere v,gr.: Esta pared es blanca; en el comportamiento de la pared y lo blanco –en darse lo blanco como una cualidad de la pared-, en esto esta la razón suficiente del juicio; es decir lo que es capaz de abonar lo enunciado en un juicio.

9.- EL PROBLEMA DE LA VERDAD

El hombre nace con su pensamiento. Se es desde que se piensa por más que el vivir le anteceda una etapa de sensaciones donde concurre un pensamiento inicial no descubierto aún. Al pensar, el ser humano inquiere, ensaya, se pregunta, ya que la existencia es el resultado del pensamiento trabajado, puesto que en marcha, hecho constancia o testimonio del criterio la decisión, la voluntad interior, la posibilidad del ser.

-Existen cuatro clases de verdad: ontológica, lógica, moral y absoluta.

Verdad ontológica es la adecuación o conformidad de las cosas con la idea divina, conforme a la cual fueron creadas.

Verdad lógica, es la adecuación de la mente humana con las cosas; v.gr.: Esta mesa es de metal.

Verdad moral es la adecuación o conformidad de la acción con la dignidad humana.

Verdad absoluta es la adecuación o conformidad de lo infinito (el alma), con lo infinito (Dios).

-Otros conceptos:

-El espíritu humano, en relación con la verdad, puede asumir diversos estados de conciencia. Los principales son la ignorancia, la duda, la opinión, la certeza y la evidencia.

Ignorancia es la carencia de un conocimiento debido. Puede ser vencible o invencible, según que esté en nuestro poder o no hacerla desaparecer; culpable o excusable, según tengamos o no el deber de superarla.

La duda es un estado de equilibrio entre la afirmación y la negación, cuando los motivos en favor de la afirmación son igualmente poderosos que los de la negación. La duda puede ser:

Espontánea, consiste en la abstención del espíritu por falta de examen de las razones en pro o en contra.

Reflexionada cuando resulta del examen de las razones en pro o en contra.

Metódica, consiste en la suspensión provisional del asentimiento de una aserción para controlar su verdad.

Universal, consiste en considerar a todo juicio como incierto, es la duda de los escépticos.

La opinión es el estado del espíritu que afirma con temor de equivocarse; su valor depende del mayor o menor grado de la probabilidad de las razones que fundamentan la afirmación.

-Clases de opinión o probabilidad. Puede ser matemática y moral.

Probabilidad matemática. Existe cuando todos los casos son conocidos de antemano, ejemplo: si en una caja hay seis bolas negras y cuatro blancas, la probabilidad de extracción de la bola blanca será matemáticamente 4/10.

Probabilidad moral es la que se aplica a los acontecimientos en los que interviene la voluntad humana.

-La certeza y la evidencia. Certeza es el estado del espíritu que consiste en la adhesión firme a una verdad conocida sin temor a equivocarse.

Evidencia, es la base de la certeza y se define como la claridad en virtud dela cual la verdad se impone a la inteligencia porque lleva en sí su propia demostración.

10.- LOS SOFISMAS Y SU REFUTACIÓN.

En términos muy precisos, se llama sofisma a un razonamiento erróneo que se presenta con apariencia de verdad.

Si el sofisma se comete de buena fe, es decir, sin intención de engañar, se llama paralogismo. Sin embargo, esta distinción entre buena y mala fe pertenece más bien a la moral y a la ética; para el lógico, sofisma y paralogismo son la misma cosa.

El sofisma puede tener dos causas: el lenguaje o las ideas; de aquí se deducen los sofismas de palabras y sofismos de ideas.

Pueden tener dos causas: el lenguaje o las ideas; de aquí se deducen los sofismas de palabras y sofismas de ideas.

Sofisma de palabra. Dependen de la identidad aparente del vocablo y son: la equivocación, la confusión y la metáfora.

La equivocación. Tiene lugar cuando se toma en un razonamiento una misma palabra en sentido diferente. v.gr.: México es una república. Ahora bien, México está en la altiplanicie; luego la república está en la altiplanicie.

La confusión tiene lugar cuando se toma por "indivisum" lo que en realidad es "divisum"; ejemplo: Este gasto no me arruinará.

La metáfora. El hombre se expresa muchas veces en un lenguaje figurado y la literatura y la poesía, emplean la metáfora como uno de sus elementos esenciales. La metáfora es un tropo literario que se apoya en la semejanza y puede ser simple, encadenada o múltiple.

En el sentido de la lógica, la metáfora consiste en tomar la figura o sea la imagen, o la realidad.

Sofismas de ideas. Provienen no de la expresión sino de la idea expresada; se refieren a las cosas; los principales son: sofismas de accidente, de ignorancia de la causa, de enumeración imperfecta, de falsa analogía, ignorancia del elenco, petición de principios y círculo vicioso.

Sofisma de accidente. Tomar por esencial lo que es accidental o viceversa: Esta medicina no me curó; luego el médico que la recetó es un charlatán.

Sofisma de ignorancia de la causas. Se toma por causa lo que es un simple antecedente: Una lesión cerebral engendra perturbaciones mentales, luego el pensamiento es un producto del cerebro.

Sofisma de enumeración imperfecta. Se extrae una conclusión general, basándose en una enumeración insuficiente: Este juez es venal, corrupto; este otro también; luego todos los jueces son venales.

Sofisma de falsa analogía. Se pasa de un caso a otro fundándose en semejanzas: la tierra es un planeta y está habitada; ahora bien, la luna es un planeta, luego está habitada.

Ignorancia de elenco. Consiste en demostrar algo que no tiene relación con el tema que se trata: Un hombre que trata de defenderse de una acción legal, en lugar de buscar atenuantes se dedica a relatar los servicios que proporcionó en otra época a la sociedad.

Petición de principio. Toma como premisa de un argumento, una afirmación y sin demostrarla deduce conclusiones: el pensamiento es un producto del cerebro; luego el pensamiento es un atributo de la materia orgánica.

Círculo vicioso. Consiste en demostrar un juicio basándose en otro, y demostrar éste basándose en el primero: Probar en una fórmula algebraica el término X con el término ab y luego probar ab con X: ejemplo: quien demuestra que hay orden en el universo porque Dios es sabio; y demostrarse a continuación que Dios es sabio porque hay orden en el universo.

Los sofismas están sujetos a refutación que puede tener varias formas: la de términos o palabras y la de ideas.

11.- EL RAZONAMIENTO. LA SILOGÍSTICA.

Según vimos en la exposición del maestro Alatorre Padilla, la división de la lógica es en primer lugar la idea o concepto; el juicio y el raciocinio.

Con la misma profundidad pero también con la misma sencillez, el prestigiado lógico explica en su obra ya citada lo relativo al razonamiento que consiste en deducir o sacar una proposición de otras con las cuales esta enlazada. La proposición o juicio que se reduce se llama conclusión y las proposiciones de donde se deduce se llaman antecedente o premisas; más para que pueda deducirse lógicamente una conclusión de un antecedente, es necesario que exista entre ambos un nexo o enlace que se llama consecuencia.

El razonamiento presenta dos formas, una que va de una ley a un hecho y entonces se llama deductivo. Ejemplo: de la norma jurídico religiosa “No matarás” se deduce la regla de respetar la vida ajena. De la observación de la caída de los cuerpos se procedió a estructurar la ley de la gravedad que dice que todo cuerpo que se deja en libertad, tiende al centro de la tierra en razón directa de su masa inversa del cuadrado de la distancia.

El razonamiento deductivo se llama también silogismo y Aristóteles lo definió diciendo que es un razonamiento formado por tres juicios tales que, dados los dos primeros, el tercero resulta necesariamente, por el mero hecho de ser dados aquellos.

12.- ELEMENTOS Y REGLAS DEL SILOGISMO.

El silogismo consta de tres juicios, los dos primeros se llaman premisas y la última conclusión; distinguimos además, tres términos: mayor, menor y término medio. El término mayor es el que contiene mayor números de notas, empieza generalmente con el vocablo todos o ningún. Término menor es el que encierra a menor número de notas, generalmente se expresa por el plural –algunos- o por el singular como un nombre de persona. Término medio es el nexo que une las dos premisas, es la palabra repetida en las premisas y no aparece en la conclusión.

Se distinguen también la premisa mayor que es la que contiene el término mayor y la premisa menor que es la que encierra el término menor. Las dos premisas se denominan antecedente. Se llama consecuencia, la ilación o enlace que es la palabra repetida en la premisa menor y en la conclusión. Se distinguen también los extremos; del silogismo que son el sujeto y el predicado de la conclusión. Al sujeto de la conclusión se denomina extremo menor y al predicado de la conclusión se le llama extremo mayor.

-Reglas del silogismo:

Primera.- Todo silogismo debe tener tres términos: mayor, menor y término medio.

Segunda.- Ningún término debe figurar en la conclusión con mayor extensión que en las premisas.

Tercera.- El término medio debe ser tomado por lo menos una vez universalmente en las premisas.

Cuarta.- La conclusión no debe contener el término medio, en efecto, el término medio tiene una función: relacionar entre sí el término mayor y menor; la conclusión, por lo tanto, contiene necesariamente los términos mayor y menor.

Quinta.- De dos premisas afirmativas no se puede deducir una conclusión negativa.

Sexta.- De dos premisas negativas nada se concluye. En efecto, el que dos términos no tengan conveniencia con un tercero, no se sigue, ni que tengan relación entre sí, ni que no la tengan.

Séptima.- La conclusión sigue siempre la parte más débil; se entiende por parte débil el particular respecto del universal y el negativo respecto del afirmativo. La razón es porque el término medio, en la premisa que sea particular, no toma en cuenta a todos, sino algunos de los entes de que se trate.

Octava.- De dos premisas particulares nada se concluye. En efecto, lo que se afirma en la primera premisa puede tomarse en sentido diferente en la segunda y además porque el término medio no está tomado universalmente en ninguna de ellas (contra la tercera regla).

13.- FIGURAS Y MODOS DEL SILOGISMO.

El silogismo tiene figuras y modos.

-Figuras del silogismo son las distintas formas que toma el silogismo, según la posición del término medio en las premisas. Existen cuatro figuras que son:

Primera.- El término medio es sujeto en la mayor y predicado en la menor.

Segunda.- El término medio es predicado en ambas premisas.

Tercera.- El término medio es sujeto en ambas premisas.

Cuarta.- El término medio es el predicado en la mayor y sujeto en la menor. Ejemplo:

Todo hombre es animal.

Es así que todo animal se mueve.

Luego algo que se mueve es hombre.

-Modos del silogismo. Son las distintas formas que toma el silogismo según la cantidad y cualidad de las premisas.

Para representar los modos, se inventaron ciertas palabras nemotécnicas, que encierran las vocales representativas de la cantidad y cualidad de los juicios, y así los modos válidos de la primera figura son:

1ª. Bárbara, Celarent, Darii, Ferio.

2ª. Cesare, Camestres, Festino, Baroco.

3ª. Darapti, Felapton, Disamis, Datisi, Bocardo, Ferizon.

4ª. Bamalip, Camenes, Dimatis, Fezapo, Fresison.

Capítulo XXIV
Lógica jurídica

1. SUS PRECURSORES.

Hemos tomado de la obra del distinguido maestro universitario Roberto Alatorre Padilla, *Manual de Lógica* (recomendamos su estudio) que por su presentación didáctica, académica y sencilla, texto obligado en mi generación, la parte esencial de esa disciplina que como hemos dejado asentado ha sido objeto de innumerables estudios en el ámbito jurídico en la última década.

Veamos ahora lo que nos dice sobre los orígenes de la lógica jurídica el italiano Guido Fassó en su *Historia de la Filosofía del Derecho,* (Madrid, Pirámide, 1996, t. III, p. 281). Comenta el iusfilósofo (p. 282), que los escritos fundamentales de lógica jurídica son de los años 1951 a 1955, los de Eduardo García Máynez, george Henrik vond Wrigt, Francisco Miró Quezada, Oscar Bekker, y Jerzy Kalinowski, autores todos que han desarrollado ulteriormente sus propias teorías.

Añade que tienen en común establecer una síntesis de validez absoluta y necesaria de las proposiciones normativas refiriéndose por ello, a las normas, al lenguaje del legislador que con un simplismo no fácilmente aceptable dichas teorías presuponen que el fenómeno jurídico se reduce al fenómeno normativo y en concreto al legislativo.

Recuerda el tratadista citado que, puesto que, la vida del derecho no se agota en la legislación, quien quiera estudiar y determinar su lógica debe considerar también otros aspectos suyos sobre todo el procedimiento o el debate judicial. El problema de la lógica de éste, advierte, había atraído ya la atención de los sofistas griegos (cuyas doctrinas con gran probabilidad nacieron en gran parte de la meditación sobre el mismo), y había estado presente en Aristóteles que verosímilmente lo contempló en la parte de su lógica y al que le dio el nombre de dialéctica y que es la lógica no de la demostración científica, sino de la argumentación; lógicamente no de lo absolutamente verdadero, sino de lo probable, de lo opinable.

Se trata, enfatiza Fassó, de la lógica propia del debate judicial en el que es elemento fundamental la prueba prevalentemente le caracteriza la probabilidad y la opinabilidad, no de la verdad indiscutible y es significativo que de este tema se haya ocupado aquel hombre expertísimo en derecho y en el arte forense que fue Cicerón.

2. SISTEMAS JURÍDICOS CONTEMPORÁNEOS.

Abrimos un paréntesis para recordar:

Los estudiosos de los sistemas jurídicos contemporáneos habidos en el mundo, se enfocan en el derecho islámico, indio, chino, escrito, derivado del romano, y el derecho consuetudinario inglés y norteamericano o common low.

Serán estos últimos los que abordemos para el propósito de nuestros apuntes por ser con los que tenemos proximidad; y para el efecto nos remitiremos a la doctrina que sobre las sentencias en el derecho inglés hace el eminente jurista italiano Mario G. Lozano.

En su obra *Los Grandes Sistemas Jurídicos* (Madrid, Debate, 1993), nos enseña que mientras que en la base de los sistemas jurídicos latinoamericanos está el derecho romano, en Inglaterra se desarrolló un sistema jurídico distinto, en parte conectado y en parte contrapuesto al derecho romano. Añade que antes del 1000 después de Cristo, en territorio británico coexistían normas de origen germánico, ligadas también a la dominación danesa, normas de derecho romano y canónico introducidas en el momento de la cristianización en vigor, hasta nuestros días para las materias matrimonial y sucesorio. A estos derechos y a los heterogéneos usos locales en vigor en los distintos estados de las mayores islas británicas se superpone en el 1066, el derecho introducido por la conquista normanda. La unidad política de la Gran Bretaña, a excepción de Escocia, realizada por Guillermo El Conquistador tuvo como directa consecuencia también la unificación del derecho. Este derecho unificado fue llamado "Derecho Común", esto es common law, porque sustituye los derechos particulares en vigor.

Nuestro autor sostiene que el derecho británico era y sigue siendo un derecho esencialmente hecho por los jueces; su mismo nombre –doctrina del precedente- expresa el lazo que vincula al juez actual con las decisiones de sus predecesores hasta los siglos más lejanos. Los precedentes, enfatiza el mismo Lozano, es decir las decisiones de casos análogos al examinarlos contienen el derecho vigente no codificado; por eso se habla a veces de common law como de un derecho no escrito, en cuanto que el common law como derecho jurisprudencial viene contrapuesto al statute law, el derecho emanado del Parlamento en forma de ley.

Frente a un caso concreto, enfatiza, el juez debe preguntarse cómo se han decidido precedentemente casos análogos. La situación más frecuente es que ya exista un ordenado núcleo de sentencias que determinan con claridad la decisión a tomar; ateniéndose a ellas el juez dictará entonces una sentencia que entrará a formar parte del common law como "declaratory precedent", esto es como precedente que continúa una determinada tradición jurisprudencial. No es sin embargo infrecuente que el juez no encuentre precedentes para una situación nueva: decidirá entonces según los principios generales del derecho.

Por cuanto a la conformación de las resoluciones, el autor italiano nos comenta que la estructura de una sentencia anglosajona consta generalmente de una sucinta exposición del hecho, de la decisión y del motivo por el que el juez ha decidido en ese sentido. Es, precisamente, remitiéndose a ésa "ratio" como los jueces sucesivos decidirán si el precedente se adapta o no al caso concreto a decidir. Un mismo caso puede generar varios precedentes si su decisión está justificada por una pluralidad de razones, mientras que la opinión disidente puede constituir precedente, las observaciones incidentales del juez no pueden ser tomadas en consideración.

3. LOS PRECEDENTES JURISPRUDENCIALES.

Aclara el tratadista consultado, que también existen medios con los que el juez puede desvincularse de los precedentes cuando su aplicación conduzca a resultados que él considera injustos. Si un tribunal superior decide no atenerse al precedente formulado por un tribunal inferior, no tiene más que pronunciarse en ese sentido y el precedente será "overruled" (anulado) y sustituido por el nuevo y de nivel superior. El tribunal inferior, en cambio, podrá desvincularse del precedente del tribunal superior solamente individualizando diferencias de hecho entre el caso en examen y el caso objeto del precedente. Este procedimiento, todo menos infrecuente, ha sido criticado porque genera sentencias tortuosas y llenas de sutilezas que contribuyen a hacer aún más gravoso el acervo de precedentes que todo jurista debe estudiar. Por otra parte, al juez inferior no le queda otra vía para adaptar reglas viejas a situaciones nuevas. En época reciente, no obstante, paralelamente al abrirse camino de una mentalidad menos opuesta a la legislación estatal, se hacen más frecuentes las sentencias en las que el magistrado se pronuncia respetando el precedente pero invitando al Poder Legislativo a intervenir para regular de manera nueva la sentencia.

4. DERECHO ESCRITO.

Frente al derecho consuetudinario, derecho común o common law, expuesto hemos traído del estudioso europeo, se encuentra el derecho escrito predominante en las américas salvo Estados Unidos que sigue también aquella tradición.

Aunque ya adelantamos algo en páginas anteriores precisaremos los preceptos de la Constitución Política de los Estados Unidos mexicanos, que se refieren a las sentencias y aunque mencionan las civiles y penales, es obvio que se aplica a todas las leyes procesales y sustantivas del país.

El tercer párrafo del artículo 14 de la Constitución Política de los Estados Unidos Mexicanos obliga a que en los juicios del orden criminal queda prohibido imponer, por simple analogía, y aun por mayoría de razón en alguna que no esté decretada por una ley exactamente aplicable al delito de que se trata; y el cuarto párrafo precisa que en los juicios del orden civil, la sentencia definitiva deberá ser conforme a la letra o a la interpretación jurídica de la ley, y a falta de esta se fundará en los principios generales del derecho.

A su vez el primer párrafo del artículo 16 de la Ley Suprema determina que nadie puede ser molestado en su persona, familia, domicilio, papeles o posesiones sino en virtud de mandamiento escrito de la autoridad competente, que funde y motive la causa legal del procedimiento.

De lo antes expuesto claramente se colige que cualquier procedimiento deberá basarse en una ley escrita, que por ningún motivo rebasará los dictados de la Carta Magna. No obstante, en las disposiciones anteriores no encontramos definición alguna de lo que debe ser una sentencia. Tampoco en las leyes reglamentarias se define la sentencia, y tan solo se concretan a señalar los requisitos que deben contener y a las que ya nos hemos referido en otro espacio.

Es el artículo 170 de la Ley de Amparo el que nos ilustra un poco más cuando dispone que se entenderá por sentencias definitivas o laudos, los que decidan el juicio en lo principal; por resoluciones que pongan fin al juicio, las que sin decidirlo en lo principal lo dan por concluido. En materia penal, las sentencias condenatorias, absolutoria y de sobreseimiento, podrán ser impugnadas por la víctima u ofendido del delito.

En nuestro concepto tal definición es incompleta, puesto que si bien es cierto se sobreentiende que el juicio se ha seguido conforme a la ley, en la práctica dada la impreparación y hasta la ignorancia de nuestros jueces, es necesario completar el enunciado y nosotros proponemos la siguiente definición:

5. DEFINICIÓN DE SENTENCIA.

"Son sentencias definitivas o laudos, aquellas en las que habiéndose observado las formalidades esenciales del procedimiento conforme a las leyes expedidas con anterioridad al hecho, deciden el juicio en lo principal y están debidamente fundadas y motivadas."

De una primera lectura pudiera argumentarse que la segunda parte del enunciado sobra, puesto que ya está contenido y previsto en los artículos 14 y 16 Constitucionales, pero en la práctica hemos encontrado que los tribunales del fuero común, los tribunales federales e incluso la misma Corte se desaparta de la puntual observancia ya no a las leyes secundarias sino a la Constitución General de la República como lo veremos en las sentencias definitivas que analizaremos al final y en la que los tribunales han incurrido en un jurisprudencialismo dogmático y un erróneo logicismo que conduce a los juzgadores a fundarse en verdaderas falacias; no obstante que como ya hemos anotado, sus sentencias deberán ceñirse a la Carta Magna.

Es una práctica diaria que en los juzgados, al dictar sentencia se invoquen decenas de tesis jurisprudenciales, muchas de las cuales no son aplicables y a pesar de ello se consideran fundantes de la sentencia cuando que deben ser exactamente aplicables al caso que se juzga y como hemos visto en los análisis del maestro Lozano, incluso en Inglaterra en donde rige el derecho jurisprudencial, los precedentes de que se valgan los jueces deben ser exactamente aplicables al asunto de que se trate, de lo contrario se infringirá la ley y principalmente la Constitución.

En México ese jurisprudencialismo ha provocado que los juzgadores no analicen meticulosamente la ley en que se fundan las acciones y excepciones opuestas por las partes, y acudan a las más autorizadas doctrinas nacionales e internacionales que abordan las materias en conflicto y en todo caso se remiten a la sistematización de tesis que la Suprema Corte ha realizado, pretextando dar cumplimiento al artículo 217 de la Ley de Amparo que preceptúa:

"La jurisprudencia que establezca la Suprema Corte de Justicia de la Nación, funcionando en Pleno o en Salas, es obligatoria para estas tratándose de la que decreta el Pleno, y además para los Plenos de Circuito, los Tribunales Colegiados y Unitarios de Circuito, Juzgados de Distrito, Tribunales Militares y Judiciales del orden común de los Estados y del Distrito Federal, y Tribunales Administrativos y del Trabajo, locales o federales.

La jurisprudencia que establezcan los Plenos de Circuito es obligatoria para los Tribunales Colegiados y Unitarios de Circuito, los Juzgados de Distrito, Tribunales Militares y Judiciales del Orden Común de las Entidades federativas y Tribunales Administrativas y del Trabajo, locales o federales que se ubiquen dentro del circuito correspondiente.

La jurisprudencia que establezcan los Tribunales Colegiados de Circuito es obligatoria para los órganos mencionados en el párrafo anterior, con excepción de los Plenos de Circuito de los demás Tribunales Colegiados de Circuito".

6. OBLIGATORIEDAD DE LA JURISPRUDENCIA.

Sin embargo es de suma importancia interpretar ese precepto que si bien hace obligatoria la jurisprudencia a todos los jueces del país, federales, estatales y municipales, urge puntualizar las siguientes circunstancias:

a) En primer lugar debe tenerse presente el artículo 222 de la ley de la materia que establece que la jurisprudencia o reiteración del Pleno de la Suprema Corte de Justicia de la Nación; de las Salas; y de los Tribunales Colegiados se establece cuando se sustente un mismo criterio en cinco sentencias no interrumpidas por otra en contrario, resueltas en diferentes sesiones, por una mayoría de cuando menos ocho votos. Siendo en este caso cuando se erige en obligatoria, de lo contrario serán meros precedentes que de ninguna manera fuerzan su aplicación a un caso concreto.

b) Ciertamente el último párrafo del artículo 217 de la citada ley prevé que la jurisprudencia en ningún caso tendrá efecto retroactivo en perjuicio de persona alguna; debieron incorporarse otras garantías acogidas por la Ley Suprema.

c) Debieron incorporarse otras garantías acogidas por la Ley Suprema, y respetar las limitaciones contenidas en los artículos 14 y 16 como el que deban observarse las formalidades esenciales del procedimiento a la que ya nos referimos.

d) Que en los juicios del orden criminal queda prohibido imponer por analogía y mayoría de razón penal alguna que no esté decretada por una ley exactamente aplicable al caso.

e) Que en los juicios del orden civil, la sentencia definitiva deberá ser conforme a la letra de la ley; a la interpretación jurídica de la misma y a falta de estas se fundara en los principios generales del derecho.

f) Que las sentencias definitivas sea cual fuere la materia deberán estar legalmente fundadas y motivadas.

Pudieran parecer ociosas las anteriores previsiones, pero en la práctica no solo son necesarias sino obligatorias dada la impreparación, incapacidad y negligencia de los juzgadores, como veremos en el análisis de algunas sentencias reales que hemos conocido en el ejercicio profesional.

7. PIRÁMIDE JURÍDICA.

En la teoría del Derecho suele citarse la pirámide jurídica de Hans Kelsen, conforme a la cual el basamento de todo orden jurídico en un país es la Constitución; luego vienen las leyes secundarias (que pueden ser ordinarias o reglamentarias); continúan los reglamentos, las circulares y también se incluyen las sentencias que son la individualización de las leyes al caso concreto.

Según lo hemos sostenido en líneas precedentes, en la individualización de la ley empieza el martirio de los litigantes que se encuentran con un juez jurisprudencialista que todo lo resuelve con las ejecutorias o tesis del Poder Judicial Federal sin adentrarse en el conocimiento del asunto a resolver; se encuentran también con jueces logisistas que para todo acuden a los principios de la lógica que muchas veces son innecesarios puesto que la solución se encuentra en una recta interpretación de nuestras leyes y el conocimiento profundo de la Carta Magna; finalmente tenemos un juez que todo lo resuelve con el sentido común, según su leal saber y entender. Por eso en los siguientes párrafos proponemos los pasos que deberán observarse al pronunciar una sentencia:

I. En primerísimo lugar debemos tener presente el artículo 133 de la Constitución General de la República que encierra precisamente la teoría de la pirámide jurídica ya que señala: "esta Constitución, las leyes del Congreso de la Unión que emanen de ella y todos los tratados que estén de acuerdo con la misma, celebrados y que se celebren por el Presidente de la República, con aprobación del Senado, serán la Ley Suprema de toda la Unión. Los jueces de cada entidad federativa se arreglarán a dicha Constitución, leyes y tratados, a pesar de las disposiciones en contrario que pueda haber en las Constituciones o leyes de las entidades federativas".

Es meridiana la claridad del precepto cuando nos ordena que por sobre todas las leyes está la Carta Magna; en segundo lugar las leyes del Congreso de la Unión que emanen de ella y en la misma jerarquía que estas los tratados que estén de acuerdo con la misma, celebrados y que se celebren por el Presidente de la República con aprobación del Senado. Esas tres jerarquías son la Ley Suprema y por consiguiente los jueces de cada entidad federativa se sujetarán a las mismas; no obstante las disposiciones en contrario que haya en las Constituciones y leyes locales.

Es terminante el precepto y no deja lugar a ninguna duda ni a ninguna otra alternativa ya que en cuanto el juez encuentre que una disposición de un Código o ley local o la misma Constitución del Estado contravenga a la Ley Suprema deberán abstenerse de aplicarlo y en todo caso ceñirse a los lineamientos de aquella.

I. Los juzgadores antes de dictar sus resoluciones definitivas deberán cerciorarse y estar plenamente convencidos de su competencia, que según hemos visto en otro lado, se da por razón de la materia, de la cuantía, del grado y del territorio.

Para dirimir este rubro nos remitiremos al artículo 124 de la Constitución Política que determina: "Las facultades que no estén expresamente concedidas por esta Constitución a las autoridades federales, se entenderán reservadas a los estados o a la ciudad de México, en los ámbitos de sus respectivas competencias".

Entonces, por exclusión se determina la competencia toda vez que suele haber confusión sobre todo en materias como la mercantil, en que la línea divisoria se presenta confusa; bastará pues con utilizar la regla que nos da el anterior precepto.

I. Aunque en la práctica es menos común, no por ello deja de ser importante la determinación contenida en el artículo 13 Constitucional que ordena: "Nadie puede ser juzgado por leyes privativas ni por tribunales especiales".

II. Se observarán asimismo los artículos 22 y 23 Constitucionales, que si bien se refieren a la materia penal contienen principios que son aplicables a otras ramas; tales dispositivos determinan: "22.- Quedan prohibidas las penas de muerte, de mutilación, de infamia, la marca, los azotes, los palos, el tormento de cualquier especie, la multa excesiva, la confiscación de bienes y cualesquiera otras penas y trascendentes. Toda pena deberá ser proporcional al delito que sancione y al bien jurídico afectado". "Artículo 23.- Ningún juicio criminal deberá tener más de tres instancias. Nadie puede ser juzgado dos veces por el mismo delito, ya sea que en el juicio se le absuelva o se le condena. Queda prohibida la práctica de absolver de la instancia".

III. Después de ajustarse a las garantías y principios constitucionales, el juez deberá ceñirse a lo dispuesto por los siguientes artículos del Código Civil Federal, reglamentario de los artículos 14 y 16 de la Carta Magna, y que contienen lineamientos atendibles a la hora de resolver una controversia:

Artículo 2. La capacidad jurídica es igual para el hombre y la mujer; en consecuencia, la mujer no queda sometida, por razón de su sexo a restricción alguna en la adquisición y ejercicio de sus derechos civiles.

Artículo 3. Las leyes, reglamentos, circulares o cualesquiera otras disposiciones de observancia general, obligan y surten sus efectos tres días después de su publicación en el periódico oficial.

Artículo 4. Si la ley, reglamento, circular, o disposición de observancia general fija el día en que deba comenzar a regir, obliga desde ése día con tal de que su publicación haya sido anterior.

Artículo 6. La voluntad de los particulares no puede eximir de la observancia de la ley, ni alterarla o modificarla. Solo pueden renunciarse los derechos privados que no afecten directamente al interés público, cuando la renuncia no perjudique derechos de tercero.

Artículo 7. La renuncia autorizada en el artículo anterior no produce efecto alguno sino se hace en términos claros y precisos, de tal suerte que no quede duda del derecho que se renuncia.

Artículo 8. Los actos ejecutados contra el tenor de las leyes prohibitivas o de interés público serán nulos, excepto en los casos en que la ley ordene lo contrario.

Artículo 9. La ley solo queda abrogada o derogada por otra posterior que así lo declare expresamente o que contenga disposiciones total o parcialmente incompatibles con la ley anterior.

Artículo 10. Contra la observancia de la ley no puede alegarse desuso, costumbre o práctica en contrario.

Artículo 11. Las leyes que establecen excepción a las reglas generales, no son aplicables al caso alguno que no esté expresamente especificado en las mismas leyes.

Artículo 17. Cuando alguno, explotando la suma ignorancia, notoria inexperiencia o extrema miseria de otro; obtiene un lucro excesivo que sea evidentemente desproporcionado a lo que él por su parte se obliga, el perjudicado tiene derecho a elegir entre pedir la nulidad del contrato o la reducción equitativa de su obligación, más el pago de los correspondientes daños y perjuicios.

El derecho concedido en este artículo dura un año.

Artículo 18. El silencio, oscuridad o insuficiencia de la ley no autorizan a los jueces o tribunales para dejar de resolver una controversia.

Artículo 20. Cuando haya conflicto de derechos, a falta de ley expresa que sea aplicable, la controversia se decidirá a favor del que trate de evitarse perjuicios y no a favor del que pretenda obtener un lucro. Si el conflicto fuere entre derechos iguales o de la misma especie, se decidirá observando la mayor igualdad posible entre los interesados.

Artículo 21. La ignorancia de las leyes no excusa su cumplimiento; pero los jueces, teniendo en cuenta el notorio atraso intelectual de algunos individuos, su apartamiento de las vías de comunicación o su miserable situación económica podrán, si está de acuerdo el Ministerio Público, eximirlos de las sanciones en que hubieren incurrido por la falta de cumplimiento de la ley que ignoraban, o de ser posible, concederles un plazo para que la cumplan, siempre que no se trate de leyes que afecten directamente al interés público.

I. El juzgador deberá tener presente la exigencia del último párrafo del artículo 14 Constitucional que hemos visto señala que en los juicios del orden civil, la sentencia definitiva deberá ser conforme a la letra o a la interpretación jurídica de la ley, y a falta de esta se fundará en los principios generales del derecho. Sobra decir que aunque ese apartado se refiere a la materia civil, es aplicable a las demás ramas del derecho, salvo la penal.

De lo antes anotado, a la hora de sentenciar el juez deberá proceder a leer detenidamente los preceptos aplicables al caso en estudio. Y accesoriamente deberá proceder a su interpretación jurídica en la que se incluye la exposición de motivos que dieron origen a dicha ley.

La doctrina nos enseña diferentes tipos de interpretación, entre ellas la gramatical, la sistemática, la jurisprudencial. Es evidente que la primera que debe utilizarse es la gramatical para conocer el contenido del precepto y lo que semánticamente nos quiso decir y de ser necesario deberá proceder a la interpretación sistemática, es decir, no analizar aisladamente un artículo sino correlacionarlo con el resto de las instituciones que convergen en el mismo. Aunque lo analizaremos en la parte práctica de este trabajo cuando revisemos algunas sentencias que han aplicado a nuestro parecer indebidamente criterios jurisprudenciales, que también a nuestro entender están mal fundados, pongamos el siguiente ejemplo:

El artículo 303 del Código Civil del Estado de Durango, establece que "Los alimentos comprenden la comida, el vestido, la habitación y la asistencia en casos de enfermedad. Respecto a los **menores,** los alimentos comprenden, además, los gastos necesarios para la educación **primaria,** del alimentista, y para proporcionarle algún oficio, arte o **profesión,** honestos y adecuados a su sexo y circunstancias personales.

Es práctica común que los jueces se pierdan viendo el bosque y no los árboles, de tal manera que cuando se trata de alimentos, generalmente las madres o los propios acreedores alimentarios demandan el pago de alimentos por el hecho de estar **estudiando,** y basta acreditar que están inscritos en una institución educativa de nivel superior para tener por comprobado esta calidad y el juzgador sin más se atiene a una tesis jurisprudencial de la Corte que basados en esa condición obliga al demandado al pago de alimentos.

Mas desafortunada no puede ser la ejecutoria y descuidados quienes la aplican puesto que se remiten a la obligación de dar una profesión, pero ignoran qué esa obligación se refiere a los menores que estudian su educación primaria, pero además pasan por alto otras instituciones jurídicas como son las siguientes:

Mayoría de edad: el artículo 640 del Código Civil del Estado de Durango, señala que la mayor edad comienza a los 18 años cumplidos; y el artículo 641 previene que el mayor de edad dispone libremente de su persona y de sus bienes.

Patria potestad: el artículo 407 del Código Civil estatuye que los hijos **menores** de edad no emancipados, están bajo la patria potestad mientras exista alguno de los ascendientes que deban ejercerla conforme a la ley y el artículo 438 del mismo ordenamiento, establece que la patria potestad se acaba: III. Por la mayor edad del hijo.

Alimentos: el artículo 296 del mismo Código dice: que la obligación de dar alimentos es recíproca. El que los da tiene a su vez el derecho de pedirlos; el artículo 299 subraya que los hijos están obligados a dar alimentos a los padres; artículo 306: "Los alimentos han de ser proporcionados a la posibilidad del que debe darlos y a la necesidad del que debe recibirlos".

Véase como por una inadecuada aplicación de un criterio jurisprudencial, se contravienen todas las demás disposiciones del Código Civil y figuras relativas, por lo que salta a la vista la ilegalidad e inconstitucionalidad. Volveremos sobre este tema en la parte relativa a las sentencias.

Hemos visto la innecesaria obligación de recurrir a las reglas de la lógica sin que esto quiera decir que no tienen alguna aplicación. Desde nuestro punto de vista hasta ahora no se ha requerido de los principios de la lógica de identidad, contradicción, tercero excluido y razón suficiente. En cambio, sí se precisa acudir al raciocinio para determinar cuál de las partes tiene la razón pues a final de cuentas tanto el actor como el demandado en sus respectivos ocursos introducen juicios, uno que afirma y otro que niega, y la argumentación de cada uno de ellos durante el proceso, en el cual desde luego deberá acudirse prioritariamente al examen de las pruebas recibidas para demostrar cada quien los hechos constitutivos de sus demandas y de sus contestaciones.

Capítulo XXV

El nacimiento de la lógica jurídica

1. EDUARDO GARCÍA MÁYNEZ.

En lo que llevamos escrito hasta ahora conocido las posturas iusfilosóficas de Kelsen y Dr. García Máynez, el primero de los cuales hace descansar el ser del derecho en la norma; en tanto que García Máynez sostiene que esa esencia se encuentra en la conducta y a partir de sus postulados desarrollar sus teorías.

Aplicando el método dialectico a los postulados anteriores encontramos en Kelsen una tesis y en García Máynez una antítesis. Dado que el hombre tiene un albedrio propio; es un ente pensante y activo, está expuesto a infringir la ley; es este el momento en que la norma se aplica a la ley y necesariamente de esa falta se deriva una sanción; llámese sentencia; laudo y por ende, gobernantes y gobernados debemos cuidar que aquella se dicte sin menoscabo de los derechos humanos; de los derechos fundamentales de las garantías individuales consagradas en las Constituciones racionales y en los tratados internacionales que las protegen y reglamentan.

Ahora bien, en sus inicios la filosofía del derecho se contentaba con estudiar los temas fundamentales del mismo y a lo más que se llegaba era a encontrar su definición. Cuando se reflexionó en el aspecto, los estudios se encaminaban más allá e iniciaron las pesquisas de los temas de la filosofía del derecho. Una de sus reflexiones fue si en la filosofía del derecho cabía también una lógica jurídica.

Ya quedó expuesto:

Nuestro connacional Eduardo García Máynez, fue de los primeros que se ocuparon de analizar esa posibilidad y su primer interrogante fue si la lógica general se podía aplicar en su cabalidad, a la lógica jurídica y de esta manera, en su introducción a la lógica jurídica nos comenta que "es importante percatarse de que no se trata de una aplicación al campo del derecho, de las leyes supremas de la lógica pura. Mientras las últimas se refieren a juicios enunciativos que afirman o niegan algo de su verdad o falsedad, los otros principios aluden siempre a normas y afirman o niegan algo de su validez o invalidez. Aquellas pertenecen, por ende, a la lógica del ser, estos a la del deber jurídico. A partir de esta acotación desarrolla su lógica jurídica, eso sí conforme la división tradicional de la misma; esto es, lógica del juicio jurídico; lógica del concepto jurídico y lógica del raciocinio jurídico. Para nutrir más la anterior veamos los antecedentes según la mira del iusfilósofo italiano Guido Fassó.

2. ANTECEDENTES DE LA LÓGICA JURÍDICA.

Los escritos fundamentales de lógica jurídica son los de los años 1951 a 9155, los de Eduardo García Maynez, de Georg Henrik von Wrigt, de Francisco Miró Quesada, de Oscar Bekker, de Jerzy Kalinowski, autores todos que han desarrollado ulteriormente sus propias teorías. Éstas, que aquí sería demasiado larga su exposición, tienen en común el fin de establecer una síntesis, de validez absoluta y necesaria, de las proposiciones normativas, refiriéndose, por ello, a las normas, al lenguaje del legislador. Con un simplismo no fácilmente aceptable, dichas teorías presuponen que el fenómeno jurídico se reduce al fenómeno normativo y, en consecuencia, al legislativo.

Puesto que la vida del Derecho no se agota en la legislación, quien quiera estudiar y determinar su lógica, debe considerar también otros aspectos suyos, sobre todo el del procedimiento o del debate judicial. El problema de la lógica de éste había atraído ya la atención de los sofistas griegos (cuyas doctrinas, con gran probabilidad nacieron en gran parte de la meditación sobre el mismo), y había estado presente en Aristóteles, que lo contempló en la parte de su lógica –tratada sobre todo en los Tópicos- y al que dio el nombre de dialéctica, y que es la lógica no de la demostración científica, sino de la argumentación, lógica no de lo absolutamente verdadero, sino de lo probable, de lo opinable.

Se trata de la lógica propia del debate judicial, en el que el elemento fundamental del mismo, **la prueba,** prevalentemente tiene precisamente el carácter de la probabilidad y de la opinabilidad, no de la verdad indiscutible. Y es significativo que de este tema se haya ocupado aquel hombre expertísimo en Derecho y en el arte forense que fue Cicerón, primeramente en el juvenil De inventione, después también en sus Tópicos, no por casualidad dirigidos a un jurista. Después en el medievo –generalmente en referencia al De inventione ciceroniano- la lógica de lo probable, que era la parte de las artes liberales llamada retórica, tuvo por modelo la lógica judicial. Y en el siglo XVIII, Vico, experto también en Derecho, en el De nostri temporis studiorum ratione revalorizó el método "retórico" por el contrario a la lógica de tipo matemático de los cartesianos, y ello a través de una concreta referencia a la jurisprudencia, que es precisamente prudentia, es decir, sabiduría de los casos particulares y no de los generales conceptos abstractos. Igualmente, a la prudentia se recondujo, en fin, al ocuparse de los temas jurídicos, Muratori.

3. PROBABILIDAD Y VEROSIMILITUD.

Tampoco en la actualidad se le ha escapado a los lógicos modernos este aspecto de la vida del derecho, que concretamente está constituida por casos particulares cuya prueba, como aparece sobre todo en el momento del proceso, se realiza con argumentaciones de probabilidad y de verosimilitud y no con demostraciones de verdad. Así, junto a la lógica jurídica demostrativa se estudia la lógica jurídica argumentativa, que forma parte de la que, en relación con el término antiguo y medieval, se llamaba "nueva retórica", y cuyo fin no es demostrar, **sino persuadir**.

Principal representante de esta dirección lógica es el polaco naturalizado belga **Chaïm Perelman** (n. 1912), que no sin razón ha contemplado con particular interés los problemas de la vida jurídica. Es autor, entre otros, de un ensayo, De la justice (1945), en el que clasifica y examina las distintas fórmulas de la justicia que han sido usadas en todos los tiempos y lugares, para concluir afirmando que un sistema de justicia completamente racional no es realizable, existiendo en sus valores últimos, en los que todo sistema de normas se funda, un ineliminable elemento de arbitrariedad. Esta obra es bastante notable, ya que el tema de la justicia es tratado en ella no bajo el usual aspecto ético de modelo de comportamiento, sino bajo el de su estructura lógica.

Perelman ha ido interesándose cada vez más por la teoría del Derecho, lo que hace pensar que los problemas planteados por éste no deben haber sido ajenos al planteamiento del amplio tratamiento de la lógica argumentativa escrita por él en colaboración con Lucia Olbrechts-Tyteca, La nouvelle rhétorique. Traité de l'argumentation (1958), que constituye el origen de un amplio florecimiento de estudios sobre este nuevo, aunque antiguo, tipo de lógica.

4. RAZÓN Y RACIONALIDAD.

Contemporánea a esta obra es la, para nosotros particularmente significativa, del inglés Stephen E. Toulmin (n. 1922), The uses of argument (1958), que define a la lógica como "una jurisprudencia generalizada", sustituyendo, en efecto, en el estudio de la lógica el modelo jurídico al matemático. Ya en 1953, sin embargo, el alemán Theodor **Viehweg** había en Topic und Jurisprudenz, llamado la atención sobre el carácter problemático, más que sistemático, del trabajo del jurista, basándose en las observaciones de Vico recordadas poco antes. Método de la ciencia jurídica y no solamente de la actividad forense, es para Viehweg el "tópico", que **se dirige no a la verdad, sino** a los motivos de la **probabilidad** de los distintos razonamientos. Combatida por algunos, a los cuales les parece que ello quita a la jurisprudencia todo carácter de cientificidad, la tesis de Viehweg ha sido compartida por otros, que han visto el instrumento de la ciencia jurídica no en la razón, sino en la racionalidad.

Están situadas frente a frente, en estas dos perspectivas de la lógica jurídica, la mentalidad racionalista, matemática, tendente a la generalidad y la abstracción de los conceptos, y la empirista e historicista, tendente a la individualidad y a la concreción. Una vez más nos encontramos ante el problema de si el conocimiento del Derecho es ciencia de lo general o de lo individual. Que deba de cualquier modo participar de uno y otro carácter parece ser la opinión del alemán Karl Engish (n. 1899), atento particularmente al problema de la relación entre Derecho y tiempo, reconoce que en la ciencia jurídica no es posible un sistema "axiomático" de conceptos como el que tiene lugar en las matemáticas, pero considera que no puede renunciarse a la idea del sistema, ya que el sistema se encuentra ya implícito en el ordenamiento , jurídico, y la ciencia jurídica lo único que hace es convertirlo en explícito. La ciencia jurídica como sistemática existe, en suma, también en la realidad temporal del Derecho, es una de las tantas realizaciones históricas de su idea.

Esta fuera del propósito de este trabajo ahondar la lógica jurídica, y en todo caso recomendamos al lector los tratados en la materia que se han mencionado líneas anteriores, como una entrada a tal asignatura.

QUINTA PARTE
EJECUCIÓN DE LAS SENTENCIAS Y JURISPRUDENCIALISMO

Capítulo XXVI

¿Basta tener una sentencia favorable?

1.- IMPORTANCIA DE LA EJECUCIÓN DE SENTENCIAS

La sentencia es la culminación del juicio, pero el siguiente paso es la ejecución. Si hemos afirmado con rotundidad que la sentencia es la esencia y el ser del derecho, no es suficiente gozar de una resolución favorable a nuestra esfera jurídica particular sino que ésta se pueda materializar de una forma efectiva, concreta y razonable.

La ejecución de sentencias entonces equivale a concretarla en el terreno de la realidad, por lo que entraña una fase sumamente importante en el desahogo de todos los procedimientos jurídicos. Sin ello, la esencia o ser del derecho a que hemos hecho alusión puede quedar incompleto o insuficiente, con todo lo que ello implicaría.

2.- GENERALIDADES DE LA EJECUCIÓN DE SENTENCIAS

Don Rafael Pérez Palma en su clásica obra *Guía de Derecho Procesal Penal* (2a. ed., México, Cárdenas Editor, 1975) nos enseña que sentencia ejecutoriada y cosa juzgada no son equivalentes ni sinónimos y remite al artículo 426 del Código de Procedimientos Civiles de la ahora Ciudad de México que reza:

Hay cosa juzgada cuando la sentencia causa ejecutoria. Causan ejecutoria por ministerio de ley.

I.- Las sentencias pronunciadas en juicios que versen sobre la propiedad y demás derechos reales que tengan un valor hasta de sesenta mil pesos. Los demás negocios de jurisdicción contenciosa, común o concurrente, cuyo monto no exceda de veinte mil pesos. Dichas cantidades se actualizarán en forma anualizada que deberá regir a partir del 1°. de enero de cada año, de acuerdo con el Índice Nacional de Precios del Consumidor que determine el Banco de México. Se exceptúan los interdictos, los asuntos de competencia de los jueces de lo familiar, los reservados a los jueces del arrendamiento inmobiliario y de lo concursal;

II. Las sentencias de segunda instancia;

Las que resuelvan una queja;

III. Las que dirimen o resuelven una competencia; y

IV. Las demás que se declaran irrevocables por prevención expresa de la ley, así como aquéllas de las que se dispone que no haya más recurso que el de responsabilidad;

VI. Las sentencias que no puedan ser recurridas por ningún medio ordinario o extraordinario de defensa.

Luego el artículo 427 dispone:

Causan ejecutoria por declaración judicial:

I .Las sentencias consentidas expresamente por las partes o por sus mandatarios con poder o cláusula especial;

II. Las sentencias de que hecha notificación en forma no se interpone recurso en el término señalado por la ley;

III .Las sentencias de que se interpuso recurso, pero no se continuó en forma y término legales, o se desistió de él la parte o su mandatario con poder o cláusula especial.

Más adelante el artículo 428 subraya:

En los casos a que se refiere la fracción I del artículo anterior, el juez de oficio hará la declaración correspondiente.

En el caso de la fracción II, la declaración se hará de oficio o a petición de parte, previa la certificación correspondiente de la Secretaría. Si hubiere deserción o desistimiento del recurso, la declaración la hará el tribunal o el juez, en su caso.

Y el artículo 429 anota.

El auto en que se declara que una sentencia ha causado o no ejecutoria, no admite más recurso que el de responsabilidad.

Advierte el artículo 422 que debemos tener presente también.

Para que la presunción de cosa juzgada surta efecto en otro juicio, es necesario que entre el caso resuelto por la sentencia y aquel en que ésta sea invocada, concurra identidad en las cosas, las causas, las personas de los litigantes y la calidad con que lo fueren.

En las cuestiones relativas al estado civil de las personas y a las de validez o nulidad de las disposiciones testamentarias, la presunción de cosa juzgada es eficaz contra terceros aunque no hubiesen litigado.

Se entiende que hay identidad de personas siempre que los litigantes del segundo pleito sean causahabientes de los que contendieron en el pleito anterior o estén unidos a ellos por solidaridad o indivisibilidad de las prestaciones entre los que tienen derecho a exigirlas u obligación de satisfacerlas.

El artículo 91 del propio código adjetivo señala.

Toda sentencia tiene a su favor la presunción de haberse pronunciado según la forma prescrita por el derecho, con conocimiento de causa y por juez legitimo con jurisdicción para darla.

Igualmente deberá recordarse el artículo 92.

La sentencia firme produce acción y excepción contra los que litigaron y contra terceros llamados legalmente al juicio.

Concatenándolo con el 35 son excepciones procesales las siguientes: fracción VIII: La cosa juzgada.

2.- Ahora bien, al dictarse la sentencia definitiva que haya causado ejecutoria y por ende quede firme, al tenor del artículo 500 del Código citado, procede la vía de apremio a instancia de parte siempre que se trate de la ejecución de una sentencia o de un convenio celebrado en juicio.

Cuando se pida la ejecución de sentencia, el juez señalará al deudor el termino improrrogable de cinco días para que la cumpla, si en ella no se hubiere fijado algún termino para ese efecto.

El dispositivo, prevé el cumplimiento voluntario de la sentencia y ante la contumacia del sentenciado, la parte favorecida tiene dos opciones:

a).- Optar por la vía de apremio de que habla el artículo 500, que en todo caso se efectuará conforme las reglas generales de los juicios ejecutivos.

b).- O bien seguir el juicio ejecutivo reglamentado por el artículo 443.

La vía de apremio deberá seguirse siempre ante el juez que conoció del juicio, en tanto que el juicio ejecutivo puede hacerse en otro juzgado del ramo diferente, toda vez que la sentencia en si representa un título, al amparo del artículo 444 que establece: Las sentencias que causen ejecutoria y los convenios judiciales, los convenios celebrados ante la Procuraduría Federal del Consumidor, los laudos que emita la propia Procuraduría y los laudos o juicios de contadores, motivarán ejecución, si el interesado no intentare la vía de apremio.

3.- Particularmente en las materias civil, mercantil, y familiar, el impulso del proceso está a cargo de las partes. Así lo determina el artículo 500 ya invocado cuando ordena que procede la vía de apremio a instancia de parte, siempre que se trate de ejecución de una sentencia.

Capítulo XXVII

La ejecución de las sentencias en el juicio de amparo.

1.- EL JUICIO DE AMPARO COMO GARANTÍA CONSTITUCIONAL

Como es bien sabido, el juicio de amparo es una garantía constitucional, es decir, un mecanismo de defensa de la Constitución, aunque no es cualquier clase de mecanismo; se trata del más importante medio o herramienta de protección de los derechos humanos en vía jurisdiccional con el que cuentan las y los mexicanos para hacer valer sus prerrogativas esenciales y libertades públicas.

Por ende, su adecuado desahogo no es un asunto menor para el derecho mexicano, pues de ello depende precisamente el aterrizaje de las prerrogativas y libertades referidas con anterioridad. Es de enorme trascendencia, pues, que en la articulación de todos y cada uno de sus elementos prevalezcan tanto la seguridad como la certidumbre jurídicas.

2.- EJECUCIÓN DE SENTENCIAS EN EL AMPARO

En tanto que en los juicios civiles, mercantiles, familiares, laborales, etc. la ejecución de la sentencia deberá solicitarla la parte vencedora, en el juicio de amparo, el juez de distrito, tribunal colegiado o la Corte tiene la potestad y la obligación de ejecutarla de oficio.

La fracción XVI del artículo 107 Constitucional determina que no podrá archivarse juicio de amparo alguno, sin que se haya cumplido la sentencia que concedió la protección constitucional, responsabilizando a la autoridad concesora del amparo de su cumplimiento, y de ninguna manera corresponde a las partes.

El título tercero de la ley de amparo contempla el cumplimiento y ejecución de las sentencias y así en el artículo 192, tajantemente previene: Las sentencias de amparo deben ser puntualmente cumplidas.

Ahora bien, si hablamos de la ejecución en la práctica, tenemos que los preceptos constitucionales y de la ley de amparo, no dejan de ser literarios y románticos. En la práctica se ve si no el sometimiento, si la distancia que toman los jueces de distrito, tribunales colegiados y la propia corte, en la ejecución de sus resoluciones particularmente cuando se pueden tener implicaciones políticas.

A continuación bosquejaré un caso, que desde el juzgado natural ha tenido tortuosas vicisitudes y el andar del protagonista ha sido kafkiano. Juzgue usted si no:

1.- Ante el Juez Mixto de Primera Instancia de Cuencamé, Durango, compareció ELENA VALDIVIA MARTÍNEZ, promoviendo juicio Ordinario Civil en el que reclama:

a). La nulidad del contrato de compraventa concertado con el señor JUSTINO TERRONES RODELA;

b). La constatación de la inexistencia de adjudicación de bienes hereditarios, fuera del juicio sucesorio intestamentario.

c). Las consecuencias jurídicas de dicha declaración de nulidad absoluta del contrato de compraventa antes referido;

d). La cancelación de la escritura pública que consta en el volumen número 13, bajo el número 106 de la Notaría Pública número 3 de dicha ciudad;

e). La cancelación ante el Registro Público dela Propiedad de aquella escritura;

f). El pago de los daños y perjuicios ocasionados;

g). El pago de los gastos y costas judiciales.

Al dictarse sentencia definitiva se declaran procedentes las reclamaciones del actor; la parte demandada apela a la sentencia que es confirmada en segunda instancia.

2.- Intempestivamente comparece la parte actora, solicitando al juez del conocimiento la entrega material del inmueble.

a). El juez deniega la solicitud, resolviendo que es improcedente en virtud de que no fue planteada en la demanda la reivindicación o la entrega material del inmueble;

b). Subrepticio como la petición de entrega del inmueble, fue el acuerdo repentino del juez donde ordena a la parte demandada la desocupación del inmueble y entrega material a la parte actora; revocando motu propio, sin mediar recurso alguno su auto original.

c). Siguieron una serie de amparos en contra dc tan arbitraria resolución y el juez de distrito que conoció de ellos invariablemente dejó de admitirlos o los declaró improcedentes, so pretexto de que el momento oportuno era el último acto de ejecución, momento o etapa que por cierto no está reglamentada por el Código de Procedimientos Civiles.

Cansada de los amparos, la parte demandada promovió juicio ordinario civil uniinstancial de RESPONSABILIDAD CIVIL ante el Pleno del Tribunal Superior de Justicia del Estado, en contra de los sucesivos jueces que ordenaron y tramitaron la entrega del inmueble.

- Absurdamente resolvió el Pleno del Tribunal de Justicia, que el juicio de responsabilidad era improcedente, en virtud de que debió agotar los recursos ordinarios en contra de la resolución que otorgaba la posesión a la parte actor, pasando por alto que el juicio de responsabilidad civil, no es un recurso, sino una demanda en contra de la autoridad malhechora.

Naturalmente que el promovente del juicio de responsabilidad civil promovió amparo directo en contra de la sentencia definitiva recaída en el mencionado juicio, tocando conocer al Tribunal Colegiado del Vigésimo Quinto Circuito de la Ciudad de Durango, Dgo., órgano que concedió el amparo y protección de la justicia federal al quejoso.

a). Los efectos de la sentencia fueron que la autoridad responsable, Pleno del Tribunal Superior de Justicia del Estado, dejara insubsistente la sentencia pronunciada y dictara otra debidamente fundada y motivada en la que expusiera las causas legales de la improcedencia del juicio;

b). El Pleno del Tribunal Superior de Justicia dejó sin efecto la sentencia y dictó otra, pero como lo estilan las autoridades responsables, dictó otra sentencia exactamente igual solo para salir del paso.

En contra de este nuevo fallo el afectado promovió nuevo juicio de amparo ante el mismo tribunal colegiado del Vigésimo Quinto Circuito.

a). Cuando estaba en curso el nuevo juicio de amparo, el Tribunal Colegiado se percató de que el Pleno del Tribunal de Justicia no se había ceñido a los lineamientos marcados en el juicio de amparo original;

b). Dejo sin efecto la segunda sentencia de la autoridad responsable, por no haberse pronunciado en los términos que se le ordenaron en el primer juicio de garantías.

c). Como consecuencia de la anulación de la segunda sentencia, y dado que en el segundo juicio de amparo directo ya no había materia para continuarlo, lo sobreseyó, sosteniendo en lo sucesivo que con motivo del sobreseimiento esta nueva sentencia no era ejecutable.

d). No obstante hay un dato incontrovertible, en el segundo amparo hay una declaración judicial que produce consecuencias jurídicas, consecuencias que irremediablemente son el dictado de una sentencia por parte del Pleno del Tribunal Superior de Justicia, en virtud de que la primera fue anulada por el primer amparo y la segunda fue dejada sin efecto por declaración judicial del Tribunal Colegiado de Circuito en su segundo amparo.

e). Continúa el batallar del quejoso por el juego y malabarismos del Tribunal Colegiado del Vigésimo Quinto Circuito y la Suprema Corte de Justicia de la Nación, que en absurdas resoluciones han evadido al fondo de la cuestión planteada y cuya solución se encuentra en la parte final de la fracción XVI del artículo 107 Constitucional que establece: **No podrá archivarse juicio de amparo alguno, sin que se haya cumplido la sentencia que concedió la protección constitucional.**

f). Por donde quiera que se le vea, en la narración anterior tenemos una sentencia sin cumplirse que los tribunales federales han soslayado argumentando que el quejoso no promovió a tiempo sus recursos.

g). ¿Qué la ejecución de la sentencia, no es absoluta responsabilidad de los tribunales de amparo? Luego, culpar al quejoso de que no evacuó un vista, de que no promovió lo conducente, son solo pretextos de autoridades pueblerinas y no de un tribunal federal llamado a defender los derechos humanos, entre ellos el del justicia expedita, pronta, completa e imparcial.

El artículo 8 del Código Civil Federal, aplicable absolutamente a todas las leyes federales, por estar inmerso en la parte que reglamentan la teoría de la ley, es claro cuando determina: **"Los actos ejecutados contra el tenor de las leyes prohibitivas o de interés público serán nulos, excepto en los casos en que la ley ordene lo contrario"**.

a). Tanto el Tribunal Colegiado como la Suprema Corte, han defendido un ilegal auto que tiene por cumplida la sentencia de amparo, lo que es falso pues de lo narrado se encuentra que no se ha cumplimentado la ejecutoria que ordenó dictar una nueva sentencia a la autoridad responsable;

b) .¿Cómo en el segundo amparo el Tribunal Colegiado del Vigésimo Quinto Circuito, dejó sin efecto todo lo resuelto en el amparo primigenio respecto al cumplimiento de la sentencia de amparo para sostener lisa y llanamente que no estaba cumplida la sentencia.

c). Sobra decir que la Constitución Política es la ley Suprema al tenor del artículo 133 de la propia Carta Magna, por ende está encima de la ley de amparo y el supletorio Código Federal de Procedimientos Civiles, abrogado en un plazo que no exceda del 1 de abril de 2027, el cual ha dado paso al nuevo Código Nacional de Procedimientos Civiles y Familiares.

d). Por consiguiente, así de fácil el Tribunal Colegiado del Vigésimo Quinto Circuito, debe dejar sin efecto cualquier resolución que tenga por cumplido su amparo, puesto que es una falacia, no hay sentencia, no obstante sostiene su inconstitucional postura en detrimento de un ciudadano y en franco desacato a la Constitución Política, a los tratados y a los convenios internacionales que le obligan. Estamos en presencia de un meridiano desacato del Tribunal Colegiado del Vigésimo Quinto Circuito al artículo 17 Constitucional que obliga a otorgar una justicia expedita, pronta, completa e imparcial. Al justiciable de la anterior narración, le concedieron un amparo que no se ha acatado y por tanto la justicia en su favor no ha sido ni expedita, ni pronta, ni completa, ni imparcial y sí; todo lo contrario.

e). Pero es claro, asuntos como el anterior, qué les puede importar, particularmente a la Suprema Corte cuando no le reditúa, luces, proyectores o asuntos correspondientes a los grandes intereses económicos y políticos, aunque tuerzan el espíritu, la letra y el sentido de la ley.

Capítulo XXVIII

El jurisprudencialismo en la justicia mexicana.

1.- EL JURISPRUDENCIALISMO.

En la búsqueda permanente del litigante de la verdad legal, en su ejercicio profesional, debe ser un investigador patente y no latente. Sus trabajos epistemológicos precisan indagar en todas las fuentes que le aporten conocimiento jurídico y sobra decir que una de esas fuentes es la doctrina jurídica, desde los tiempos más remotos hasta los estudios de actualidad de prestigiados eruditos, más en estos tiempos en que gracias a la internet se tiene acceso a la cultura jurídica de todo el orbe.

Por lo anterior, me extrañó la respuesta de un juez federal cuando le pregunté quién o quienes a su juicio eran los autores que tenían explorado el juicio de amparo, contestándome que lo ignoraba en virtud de que para él bastaba y sobraba con las decisiones de los tribunales federales, dando por sentado que tales ejecutorias son impolutas, logradas, acabadas, cayendo en consecuencia en un absurdo dogmatismo judicial, en virtud de que quienes se dicen aplicar la justicia deben ser doctos no solamente en derecho sino en sus disciplinas auxiliares como son la filosofía del derecho, teoría del derecho, sociología jurídica, lógica, sociología general, sicología general y sicología social, antropología, para que sus elucubraciones tengan un basamento y un soporte más definido.

Es cierto que al tenor del artículo 217 de la Ley de Amparo la jurisprudencia del Pleno de la Corte, de las Salas y de los Tribunales Colegiados es obligatoria absolutamente para todas las autoridades federales, estatales y municipales, pero también es cierto que no todos los casos que se plantean en los tribunales son exactamente iguales, por lo que existen lagunas y es ahí donde se tiene que recurrir a la analogía, a los principios generales del derecho y todo esto obliga a la lectura de los grandes tratadistas de la materia.

Dijo alguna vez un sabio que el proceso y consecuentemente el derecho y sus reformas lo construyen los abogados postulantes, defiendan a la parte que defiendan, pues toca a ellos planear y plantear sus casos ante los jueces aportándole no solamente los hechos sino los fundamentos legales, consuetudinarios, los usos, las costumbres, las máximas judiciales y todo el aporte que ofrecen las lecturas de respetables publicistas, de otra manera las resoluciones judiciales serán robóticas, frías, impersonales y peor aún sin fundamentación ni motivación jurídicas.

2.- PROPUESTA DE REFORMA CONSTITUCIONAL.

Como propuesta sugeriríamos la reglamentación completa en la Constitución Política de los Estados Unidos Mexicanos, para que su cumplimiento y ejecución obligue a las autoridades y la inejecución constituya una responsabilidad jurídica para las autoridades omisas, solamente de esta manera se alcanzarán los postulados del artículo 17 constitucional que habla de una justicia expedita, pronta, completa e imparcial.

Específicamente, sería el artículo 14 constitucional el precepto que sufriría una amplia pero necesaria modificación en aras de determinar de forma palmaria que las sentencias en todos los órdenes deben estar perfectamente articuladas y seguir las reglas de la lógica jurídica, sin que existe la posibilidad de que un asunto esté totalmente concluido si antes no se ha cumplimentado y ejecutado en su totalidad la resolución judicial de que se trate. Lo anterior iría en plena consonancia con el debido proceso y las formalidades esenciales del procedimiento; en su conjunto, estos aspectos modelan una parte trascendente de la estructura y la columna vertebral del Estado constitucional y democrático de Derecho contemporáneo, donde la justicia, la cultura de la legalidad y la libertad no sean simples aspiraciones o elementos ornamentales sino ejes rectores de la vida pública e institucional.

La sentencia, en efecto, constituye el ser y la esencia misma del derecho, por lo que en relación con los derechos fundamentales de acceso a la justicia y a un recurso judicial efectivo, debe preconizarse con la debida amplitud en la Carta Magna, sobre todo teniendo en consideración que ningún asunto puede archivarse sin la debida cumplimentación de la misma. De esta forma podremos tener una justicia dialógica más amplia y, finalmente, las expectativas jurídicas de los justiciables plenamente satisfechas.

Conclusión

De cuanto hemos visto, creemos válidamente haber demostrado que el ser del derecho es la sentencia. Si encontramos que el hombre es un ser por esencia activo y la acción es el núcleo del desenvolvimiento humano, importa dejar debidamente reglamentada la sentencia que se dicte, ante la infracción del individuo a la norma legal, sea de la naturaleza que sea. Es parte integral tanto del debido proceso y las formalidades esenciales del procedimiento como del derecho fundamental de acceso a la justicia.

No puede decirse que la norma en sí misma sea el objeto, la esencia o ser del derecho. Tampoco lo es en sí misma la conducta, sino que la convergencia de estos tres elementos, la norma como tesis, la conducta como antítesis y la sentencia como síntesis nos permite afirmar sin temor a equivocarnos que esta última entraña condiciones de posibilidad para la plena realización de todos los objetivos del entramado jurídico.

En un ejercicio de dialéctica hegeliana, debemos contrastar, sopesar y ponderar los elementos anteriormente mencionados a través de un proceso deliberativo amplio. Si bien es cierto que todos cumplen con una función determinante para el derecho contemporáneo, en nuestra opinión la sentencia es el punto medular de los sistemas jurídicos.

Lo anterior es así en razón de que por virtud de las resoluciones judiciales tenemos un derecho vivo y dinámico, en donde el juzgador se convierte en la pieza central de los canales comunicativos de las leyes y los justiciables. Por ello resulta también estelar la argumentación jurídica para evitar una interpretación y aplicación normativa arbitraria y sin control.

Lejos de propiciar una aplicación mecanicista de las normas jurídicas, una visión de este tipo enfatiza el rol absolutamente trascendente de las sentencias al momento de articular el orden, la cohesión social y la armonía colectiva como piezas centrales del derecho.

Algo que tampoco puede pasar desapercibido es que en la sentencia encontramos a un mecanismo capital para la plena satisfacción de los derechos fundamentales, por virtud de que la justiciabilidad y exigibilidad de los mismos sólo se logra a través de un procedimiento legal determinado que debe culminar en una sentencia bien construida y estructurada, siguiendo las bases de la lógica jurídica. Además, según se vio en su oportunidad, no basta con la sentencia en sí misma sino con la ejecución y debida cumplimentación de la misma en todos sus aspectos.

Si hay norma, pero no hay conducta, aquella no cobra vida no llega a aplicarse en el mundo real. Lo mismo podemos decir cuando existe norma y conducta, pero esta conducta no constituya ninguna infracción a la ley, tampoco trasciende a la vida jurídica, se queda en algo pensado, ideado o en vías de ejecución pero no en una ejecución y por ende el estudio de tales fenómenos así concebidos, pueden servir para un ensayo literario, sociológico, sicológico o incluso jurídico, más no como protagonista del fenómeno jurídico.

Bibliografía

Abitia Arzapalo, José Antonio, *De la cosa juzgada en materia civil,* México, Cárdenas Editor, 1959.

Alatorre Padilla, Roberto, *Manual de lógica,* México, Porrúa, 1981.

Arroyo Herrera, Juan Francisco, *Cómo llevar una defensa penal,* 5a. ed., México, Porrúa, 2012.

Del Castillo del Valle, Alberto, *Ley de amparo comentada,* 10a. ed., México, Ediciones Jurídicas Alma, 2007.

Fassó, Guido, *Historia de la Filosofía del Derecho,* Madrid, Pirámide, 1996.

García Máynez, Eduardo, *Filosofía del Derecho,* México, Porrúa, 1974.

García Máynez, Eduardo, *Introducción al estudio del Derecho,* 50a. ed., México, Porrúa, 2000.

Gómez Lara, Cipriano, *Teoría general del proceso,* México, Harla, 1998.

Gortari, Eli de, *Diccionario de Lógica,* México, P y V, 1988.

Hessen, Johaness, *Teoría del conocimiento,* Madrid, Espasa Calpe, 1991.

Larroyo, Francisco, *Introducción a la Filosofía de la Cultura,* México, Porrúa, 1971.

Lozano, Mario G., *Los grandes sistemas jurídicos,* Madrid, Debate, 1993.

Ortiz Ahlf, Loretta, *Derecho Internacional Público,* México, Harla, 1988.

Osorio y Nieto, César Augusto, *Síntesis de Derecho Penal,* México, Trillas, 1995.

Padilla, José R., *Sinopsis de amparo,* 4a. ed., México, Porrúa, 2014.

Pérez Palma, Rafael, *Guía de Derecho Procesal Penal,* 2a. ed., México, Cárdenas Editor, 1975.

Rocco, Alfredo, *La sentencia civil,* México, Cárdenas Editor, 1993.

Seara Vázquez, Modesto, *Derecho Internacional Público,* México, Porrúa, 1994.

Sénior, Alberto F., *Tratado de Sociología,* México, Librería de Medicina, 1978.

Sorensen, Max, *Manual de Derecho Internacional Público,* 6a. ed., México, Fondo de Cultura Económica, 1998.

Troper, Michel, *La Filosofía del Derecho,* Madrid, Tecnos, 2004.

VV. AA., *Enciclopedia Jurídica Omeba,* Buenos Aires, Driskill, 1990.